HARRY STYLES

LA BIOGRAFIA NON UFFICIALE

Stampato e rilegato nel mese di febbraio in Italia
presso Rotolito Lombarda, Cernusco/Naviglio (MI)

ISBN: 978-88-6722-039-7

www.ippocampoedizioni.it

HARRY STYLES

LA BIOGRAFIA NON UFFICIALE

ALICE MONTGOMERY

Traduzione dall'inglese di Laura Simene

L'ippocampo

Sommario

1

Harry, ti presento Caroline

Era il 2011, e già da un anno *X Factor*, il programma che aveva trasformato gli One Direction in superstar, e *The Xtra Factor*, il programma gemello, avevano una nuova conduttrice: Caroline Flack, 32 anni, occhi e capelli castani, una donna affascinante che aveva raggiunto una certa fama conducendo vari reality show fin dal 2002. Vivace e briosa, Caroline era un volto molto popolare presso il pubblico – e in particolar modo presso gli uomini. Aveva avuto un certo numero di storie fino a quel momento – ma quella appena iniziata, in effetti, era destinata a sollevare molta più indignazione e a richiamare ben più attenzione di quanto lei e lui avrebbero mai potuto prevedere.

Ancor prima che i due si mettessero insieme, comunque, c'erano già stati alcuni segnali di quello che stava per succedere. Gli 1D erano il gruppo più fico del pianeta, e il più fico dei membri del gruppo era il diciassettenne Harry Styles. Con quegli occhi grandi, quell'aspetto da ragazzino e quella chioma selvaggia e spettinata che era il suo marchio di fabbrica, Harry si stava trasformando in un sex symbol di prima grandezza, sfrenatamente popolare tra tutte le fan degli One Direction, e quel suo sorriso impertinente si stava dimostrando irresistibile per un'incredibile quantità di ragazzine sparse in tutto il mondo. Tutte, naturalmente, erano interessatissime a sapere che tipo di ragazza poteva piacergli, e lui era felicissimo di accontentarle. Frankie Sandford, della band The Saturdays, faceva decisamente al caso suo, a quanto pareva. "Sono innamorato di Frankie da quando io avevo otto anni e lei era nella boyband delle S Club Juniors", confidò Harry al Daily Star Sunday. "Avevo perfino i suoi poster. Non so cosa darei per poterla baciare! Frankie e Caroline Flack sono il mio tipo ideale: tutt'e due molto, molto sexy".

A differenza, però, di quasi tutti gli altri ammiratori, Harry aveva la possibilità, in effetti, di fare qualcosa. Fin da quando, l'anno prima, erano comparsi a *X Factor*, i ragazzi degli One Direction avevano viaggiato in tutto il mondo e frequentavano tanta gente dello spettacolo, e adesso avevano per le mani una grande hit, "What Makes You Beautiful", il loro singolo numero uno in classifica. Harry fece seguire all'intervista con il Daily Star un commento sul sito di *X Factor*: "Se Caroline Flack sta leggendo questo messaggio, ditele ciao da parte mia. È stupenda!"

Ci furono voci che Harry aveva perfino chiesto a Tim Dean, un produttore di *Xtra Factor*, di mandare un tweet a Caroline per convincerla a uscire con lui. Anche così, comunque, nessuno avrebbe mai immaginato che Harry e Caroline stavano per diventare una delle più improbabili coppie del mondo dello spettacolo.

All'inizio, in effetti, era sembrato che se mai Caroline dovesse fare coppia con qualcuno, quello era Olly Murs, che conduceva insieme a lei *Xtra Factor*. Olly rilasciò un'intervista volutamente provocatoria, alludendo al fatto che avrebbe potuto succedere qualcosa tra loro: "Flirtiamo alla grande", disse al Sun. "Lavoro a *X Factor*, che è il miglior programma della tv, e lavoro con una donna stupenda come Caroline. È un bellissimo periodo per me. Scherziamo e ci abbracciamo tutto il giorno, e ogni tanto ci scappa qualche bacio. Andiamo molto d'accordo ed è fantastico che ci sia questa alchimia davanti e dietro alla telecamera". Non è che fosse successo davvero qualcosa, intendiamoci, se non il fatto che i due erano riusciti a imporsi come un'eccellente coppia di presentatori tra cui si era ormai stabilita una grande intesa.

"Certe relazioni si costruiscono nel corso del tempo e al momento noi siamo concentrati sul lavoro che stiamo svolgendo, ma di sicuro c'è qualcosa di speciale", continuava Olly. "Lei è davvero affascinante e ci divertiamo parecchio, perciò chi può dire cosa accadrà quando a dicembre il programma sarà finito?" Quello che successe fu che Caroline venne sbattuta su tutte le prime pagine con un fidanzato di gran lunga più giovane di lei, ovviamente, ma ciò che Olly e Caroline sapevano bene e che Harry aveva scoperto nel corso dell'ultimo anno è che qualsiasi pubblicità è sempre un'ottima pubblicità, e che una fugace storia d'amore tra due celebrità di alto livello non avrebbe certo fatto male né a lei né a lui. Veniva ribadito anche che Caroline era una donna affascinante, cosa di cui erano ben consapevoli anche molti degli spettatori più giovani. La domanda "si metteranno insieme: sì o no?" intrigava tutti, come capirono benissimo sia Caroline che

Olly, sebbene entrambi sostenessero di essere single. Non per molto, comunque, nel caso di Caroline.
L'occasione fu una festa al termine di una puntata di *X Factor* intorno alla fine di ottobre del 2011, al W Hotel di Londra. Erano presenti sia Caroline che Harry, e stando a quanto riferirono altri invitati, non ci volle molto a Harry per prendere l'iniziativa. Andò dritto da lei, si mise a fare conversazione e poi, tra lo sconcerto di tutti i presenti, provò a baciarla. E non era finita lì: il diciassettenne e la trentunenne furono visti allontanarsi insieme per salire sullo stesso taxi, anche se quella notte non successe nient'altro e i due andarono ognuno per la sua strada. Harry non perse tempo e scrisse su twitter: "A volte capitano certe cose e all'improvviso la vita ha tutto un altro aspetto".
In un primo momento quell'abbinamento così altamente improbabile fu guardato da tutti con una certa ilarità. Era davvero una cosa assurda – i quindici anni di differenza non sarebbero parsi poi così tanti se uno fosse stato un ventenne e l'altra una trentenne, ma Harry era ancora un ragazzino. Nessuno riusciva a credere che la loro relazione sarebbe durata una settimana, figuriamoci tre mesi. L'ilarità generale crebbe ancora quando alcuni fecero notare altri due tweet: quello di Caroline, "mi sono svegliata con un terribile mal di gola e ho le ghiandole gonfie!!!", seguito a ruota qualche ora dopo da quello di Harry, "mi sono appena svegliato con una tremenda influenza e con un sacco di mal di gola". Non ci volle molto a capire cosa stava capitando da quelle parti.
A ben vedere, Harry aveva già dimostrato di essere un

po' un dongiovanni. Da quando divideva l'appartamento con un altro membro della band, il suo amico Louis Tomlinson, Harry aveva portato a casa così tante ragazze che Louis, a sua volta impegnato in una relazione con la modella Eleanor Calder, si lamentò che i vicini potevano pensare che loro due stessero gestendo una casa d'appuntamenti. "La cosa peggiore, quando abiti con Harry, è l'ininterrotto flusso di donne che entrano ed escono dalla porta", disse una volta Louis. "Non c'è un attimo di pace". Ma ora quel flusso ininterrotto di donne stava per essere rimpiazzato da una donna soltanto.

Dopo l'esibizione a *X Factor* insieme a Lady GaGa, l'agenda degli One Direction era più piena che mai, eppure l'impossibile storia d'amore continuava lo stesso ad andare avanti dietro le quinte. Harry finì anche per farsi sfuggire una strana allusione in pubblico. "Mi piacerebbe uscire con Caroline", scherzò. "Potremmo andare da MacDonald's, no? Ma non accetterei mai di dividerla con Olly". In realtà Harry sapeva benissimo che Caroline e Olly non stavano uscendo insieme. Harry aveva imparato un mare di cose in quell'ultimo anno, compreso il fatto che nel mondo dello spettacolo le cose non erano sempre come sembravano. Gli altri membri della band lasciavano capire che c'era sotto qualcosa: "Stavolta Harry ha trovato quella giusta", disse Louis, anche se rifiutò di scendere nei dettagli e di dire chi era. Poi gli One Direction andarono come ospiti a *Xtra Factor*, e a Harry fu chiesto quale delle concorrenti gli piaceva di più. "Sono tutte un po' troppo giovani per me", rispose lui.

Ma Caroline non era certo l'unica donna ad aver messo gli occhi su una popstar come Harry. Peaches Geldof, che di anni ne aveva ventidue e quindi era anche lei più grande di lui, era piuttosto presa di Harry e aveva chiesto il suo numero di telefono. Lui glielo diede come si conviene in questi casi – ma in seguito ammise con rimpianto di averle dato il numero sbagliato. "Adesso mi odierà", disse in una rivelatoria intervista per OK! magazine. "Se stai leggendo questo articolo, Peaches, dimmi ciao la prossima volta che ci vediamo. Così ti do il numero giusto". In quella stessa intervista mise anche in chiaro il fatto che, per quanto avesse solo diciassette anni, non era certo un bambino innocente. Harry aveva già fatto l'amore e la prima volta che l'aveva fatto era rimasto terrorizzato all'idea di aver messo incinta la ragazza, anche se avevano usato i preservativi e perciò avevano fatto sesso "sicuro". In quell'occasione era andato tutto bene, aggiunse, mentre un'altra volta aveva detto a una sua ammiratrice di essere gay, in modo da scoraggiarla. Insomma, Harry era già un esperto seduttore, e questo significava che nella lunga lista di accuse che di lì a poco Caroline avrebbe dovuto fronteggiare non ci sarebbe stata, quanto meno, quella di aver tolto a Harry la sua verginità.

Non passò molto tempo prima che fosse chiaro a tutti che i due formavano davvero una coppia. Furono visti insieme, non certo da McDonald's – ma all'Asia de Cuba, uno chiccosissimo ristorante di Londra all'interno del St Martins Lane hotel, un posto frequentato dalle star. Qualcuno notò Caroline all'ingresso mentre aspettava il suo bello, dopodiché cenarono in compagnia di un'altra coppia. Ognuno dei due, comunque, aveva occhi solo per l'altro, e non solo flirtarono apertamente, ma uscirono anche insieme dal ristorante e salirono su una macchina con l'autista che li portò via nella notte.

La coppia, tuttavia, fu piuttosto scossa dall'immediata reazione negativa delle fan, che sfogarono il loro malumore sui social network. Sembrava quasi che molte delle fan pensassero che se loro non potevano avere Harry, allora non doveva averlo nessun'altra, e di sicuro non una che aveva abbastanza anni da poter essere per lui come una specie di sorellona. In rete cominciarono a spuntare commenti del tipo: "Se Caroline Flack sta insieme al mio fidanzato [Harry], la vado personalmente a cercare e le sparo", mentre in un altro si leggeva: "Ti voglio ammazzare, Caroline Flack. Harry è mio, puttana", e ancora: "lei dovrebbe fare dei figli, non andarci a letto". Questo spinse Caroline a ribattere su twitter: "Io e Harry siamo grandi amici". "Harry è una delle migliori persone che conosca. Non mi merito delle minacce di morte". Alcune utenti di twitter si schierarono con lei: "Non me ne importa più niente", twittò una di loro. "Se Harry vuole uscire con una più vecchia, faccia pure". Un'altra disse alle fan di Harry che dovevano crescere, e un'altra ancora dichiarò di non riuscire a credere che ci fossero delle autentiche minacce di morte.

Certo che Caroline non se le meritava quelle minacce, ma in ogni modo loro due continuarono con la loro storia. Nel frattempo Olly, che non aveva esattamente rotto una relazione con la sua collega di *Xtra Factor*, ma che non poteva nemmeno più alludere al fatto che loro due erano lì lì per mettersi insieme, cominciò a fare a sua volta dichiarazioni allarmanti. "Se dovessi baciare un uomo, sceglierei Justin Timberlake. È uno dei miei idoli. E mi piace anche Michael Bublé. Sono rimasto folgorato quando l'ho conosciuto". Quello che pensarono di tutto questo Justin Timberlake e Michael Bublé non lo sapremo mai, ma in rete si sprecarono le battute sul fatto che ora che Caroline se n'era andata con Harry, Olly aveva deciso di diventare gay.

In realtà Olly non fu certo il solo a rimanerci male per la notizia: neanche l'ex fidanzato di Caroline, la rockstar Dave Danger, doveva essere al settimo cielo. In effetti la coppia si era separata nel 2009, ma Dave, che aveva fatto il batterista nel gruppo rock The Holloways, continuava a sperare in una riconciliazione. In un primo momento, come tutti, non aveva dato alcun peso alle voci che la sua ex e Harry facevano coppia fissa semplicemente perché sembrava troppo improbabile, ma alla fine era stato costretto a guardare in faccia la realtà.

"Si sono separati solo perché i rispettivi impegni di lavoro rendevano difficilissimo vedersi", disse un amico di Dave al Daily Star. "Ma non c'era alcun dubbio che erano ancora innamorati l'uno dell'altra. Caroline non ha mai nascosto di sperare in una riconciliazione. Nelle ultime settimane hanno passato sempre più tempo insieme. Ma poi, all'improvviso, lei è diventata fredda e ha cominciato a tenere Dave sulla corda. È successo proprio nel momento in cui si stava legando a Harry. All'inizio Dave ci ha riso su e ha pensato che le voci sul bacio tra lei e Harry fossero solo uno scherzo. Harry è soltanto un ragazzino. Ma appena

Caroline ha iniziato a dargli buca agli appuntamenti e a non rispondere più ai suoi sms, Dave ha capito che la cosa fra lei e quel ragazzino era piuttosto seria. Dave pensa che lei non si renda bene conto di quello che sta facendo. Vuole parlarle e discutere della cosa, ma lei lo ha tagliato fuori".

In effetti, per quanto strano possa sembrare, la coppia stava cominciando a dare l'impressione di fare sul serio. Alcuni dissero che Caroline aveva chiesto a Harry di andare a vivere con lei. Quando ne parlava in pubblico, lui ci andava sempre piano e non dava troppa importanza alla cosa, ma alla fine, comunque, Olly scoprì il gioco quando dichiarò che Harry aveva un debole per le donne più grandi di lui: "Mi ha sempre detto apertamente quanto gli piace Caroline", rivelò.

Sotto molti punti di vista la situazione era decisamente insolita, e non solo per la differenza di età. Di solito ai membri delle boyband viene raccomandato di non avere una ragazza, o almeno di essere alquanto riservati sulle loro relazioni, in base al fatto che questo potrebbe scoraggiare le fan.

Nel caso degli One Direction, tuttavia, nessuno stava tentando seriamente di nascondere alcunché: al commento di Harry su Caroline, "Siamo buoni amici e ci vediamo spesso, andiamo molto d'accordo, tutto qui, e tra noi due c'è una bella amicizia – stiamo a vedere cosa succederà", non aveva mai creduto nessuno. I cinque della band venivano concretamente incoraggiati a uscire con le ragazze: Zayn Malik aveva avuto una storia con Rebecca Ferguson, una concorrente di *X Factor*, e nessuno di loro faceva mistero delle donne con cui si vedevano e di quanto le trovavano attraenti. Per molti versi era una situazione più sana di quella per cui erano passati altri prima di loro: nel loro periodo iniziale, prima che si dividessero, i Take That venivano esortati a dare di sé un'immagine tutta acqua e sapone, che non corrispondeva decisamente alla realtà. Anni dopo saltarono fuori storie di groupie della band nascoste negli armadi, ma all'epoca la pressione di doversi conformare a un certo cliché fu uno dei motivi di stress che portò Robbie Williams sull'orlo di una crisi di nervi e che lo indusse ad abbandonare il gruppo. Nessuno voleva assumersi un rischio del genere con gli One Direction. I cinque della band erano adolescenti che stavano vivendo il più bel momento della loro vita. Nessuno aveva la minima intenzione di impedire che si divertissero.

Ma mentre Harry era ancora piuttosto timido e riservato quando parlava della sua nuova relazione, Caroline lo era molto di meno. Facevano coppia fissa ormai da un po' di tempo, e lei continuava a ricevere un sacco di critiche per via della differenza di età. "A mio parere non dovrei affatto preoccuparmi di quello che sto facendo. Ma c'è questo pregiudizio sociale per cui la gente non è tanto pronta ad accettare una grande differenza di età in una coppia", disse in un'intervista a Now magazine. "Continuo a pensare: 'Cos'ho fatto di male?' Decisamente niente. Quello che faccio fatica a capire è quando la gente dice che è una cosa disgustosa. Non penso proprio che lo sia. Certe persone tendono a guardare subito le cose in modo negativo, ed è questo che mi sembra strano. Se due si piacciono e stanno

bene insieme, perché qualcuno vuole vederci qualcosa di negativo? So che fa parte della natura umana fare pettegolezzi. Ma perché dire che è sbagliato? Non facciamo del male a nessuno". E a proposito delle minacce di morte su twitter, aggiunse: "La cosa ha passato ogni limite. Questa è una forma di bullismo da parte di gente che si nasconde dietro un computer. So che si è trattato solo di una minoranza delle fan degli One Direction e che erano tutte molto giovani – è una specie di ossessione fanatica. Non posso prenderla sul serio, altrimenti non uscirei più di casa. Harry mi ha detto: 'Non dar retta a twitter'. In questo è stato lui il più maturo dei due!".
Harry venne fotografato mentre arrivava a casa di Caroline di sera e ne usciva (con l'aria stanchissima) la mattina dopo, e a quel punto l'attenzione che lo circondava stava veramente cominciando a separarlo dal resto della band. Il comico David Walliams fu tra i primi a commentare la cosa: "Non faccio parte del loro pubblico di riferimento, dato che non sono una ragazzina di dieci anni, ma sono un fan della band e mi piace Harry", disse al Daily Star. "Ci scommetterei che sta facendo infuriare il resto del gruppo". Se era così, gli altri quattro furono abbastanza svegli da tenere la bocca chiusa, ma era vero – Harry si stava imponendo al di sopra degli altri. Tutti gli One Direction ottenevano attenzione a palate dovunque andavano, ma Harry era senza dubbio quello che scatenava una particolare isteria collettiva. La scelta della fidanzata contribuì a renderlo ancora di più un oggetto di devozione, invece del contrario. Se non altro, dimostrava che non era tipo da lasciarsi sedurre dalle ochette senza personalità.

Ma intanto le critiche piovevano, e Caroline continuava a soffrirne. “Ci divertiamo. Qual è il problema?”, protestò in un’intervista televisiva, ma le fan non la smettevano di lamentarsi. Harry era meno diretto. “Le persone dovrebbero pensare di più prima di mandare un tweet”, osservò. “Mai lamentarsi, mai dare spiegazioni”. Perfino Olly cercò di respingere i twittatori arrabbiati: “Harry è un gran bel ragazzo e la maggior parte delle ragazze di questo paese non vede l’ora di limonarselo”, disse. “Non c’è niente di concreto. Va tutto bene. Ognuno scrive quello che vuole nei suoi tweet, ma nessuno sa la verità dal di dentro – quella è una questione privata. Tutte le foto sono un po’ scorrette”. (Con quest’ultima frase Olly si riferiva probabilmente alla foto di Caroline pizzicata mentre sgattaiolava via da casa di Harry una mattina presto. Gli scettici, quelli secondo cui quella era una relazione in favore delle telecamere, che serviva solo a farsi un po’ di pubblicità, erano chiaramente fuori strada). A quel punto, intanto, si era aperto un dibattito su tutta la stampa nazionale riguardo all’opportunità o meno della relazione tra Harry e Caroline, accompagnato da storie di vita vissuta che avevano per protagoniste le *cougar*, le donne che si mettono con uomini molto più giovani di loro.
In effetti, per dirla in breve, sembrava che la relazione potesse davvero diventare una cosa seria. Gli 1D stavano per imbarcarsi in un tour che prevedeva, nel solo mese di dicembre, ventiquattro date tra la Gran Bretagna e l’Irlanda, e Caroline, come riferirono alcuni testimoni, aveva un’aria piuttosto provata dopo aver dato un passaggio a Harry fino a Waterford, nell’Hertfordshire, e averlo

visto partire. Harry, questo bisogna dirlo, non sembrava essere altrettanto distrutto, se non altro perché quel tour doveva servire a misurare la popolarità dei ragazzi, e stava andando alla grande. La band aveva fatto ovunque il tutto esaurito, e ricevette un'accoglienza estatica a ogni concerto. La carriera di Harry procedeva sicuramente secondo le migliori previsioni.
All'inizio del nuovo anno, Caroline si prese alcuni giorni di ferie per andare in vacanza in India, mentre Harry e i ragazzi continuavano nel loro acclamatissimo tour, ma una volta rientrata in Inghilterra, sfidò tutti coloro che la criticavano presentandosi a un concerto degli 1D. Per averlo fatto, venne ricompensata con degli striscioni su cui si leggeva "Flack off, Caroline" [gioco di parole intraducibile tra il cognome della donna, Flack, e "fuck off", cioè vaffanculo, *ndt*]. Ci fu persino il proprietario di una bancarella di fischietti che disse alle ragazze in coda per il concerto: "Fischiate se odiate Caroline Flack". Vendette tutti e centocinquanta i fischietti che aveva. Caroline riuscì a non dare troppo peso alla cosa, ma non sarebbe stata umana se tutto questo non l'avesse minimamente toccata. Riceveva critiche da ogni parte – non soltanto dalle directioner, ma anche da sedicenti guardiani della moralità pubblica che condannavano a gran voce qualsiasi cosa facesse. Perfino Rebecca Ferguson, che all'epoca aveva 25 anni, e che era stata insieme a Zayn, che in quel momento ne aveva 19, volle salire sul pulpito: "Penso ci sia qualcosa di sbagliato nella relazione tra Caroline e Harry. Tra me e Zayn era diverso, perché lui aveva 18 anni e perciò potevamo almeno andare a bere qualcosa in un pub, ed era

anche abbastanza grande da prendere da solo le proprie decisioni. Invece Harry è troppo giovane per farlo… qui c'è molto di più di una differenza di età".

E, naturalmente, Harry era ancora così giovane, così tanto giovane. Le notizie che li volevano prossimi alla convivenza si dimostrarono eccessive, e sebbene i due continuassero a frequentarsi assiduamente, lo stress cominciò a farsi sentire. Nessuno avrebbe accolto con un sorriso tutte le critiche a cui Caroline era stata sottoposta, e per quanto riguarda Harry, anche se avesse avuto una ragazza della sua età, diciassette anni erano comunque pochi per prendere sul serio una relazione con chiunque. Per di più, gli One Direction avevano chiaramente un grande futuro davanti a loro. Lui voleva davvero legarsi a qualcuno quando nella sua vita si stava spalancando un'enorme opportunità come quella?

Come se non bastasse, gli 1D stavano per andare all'assalto di una realtà notoriamente difficile come gli Stati Uniti. Era sempre stato estremamente complicato per gli artisti inglesi sfondare in America: molti ci avevano provato e davvero pochi ce l'avevano fatta, ma gli One Direction volevano tentarci – stavano per passare i due mesi seguenti in un tour per tutti gli States, e quello era il momento giusto per farlo. In Inghilterra l'entusiasmo intorno a loro era cresciuto a un punto tale che quello era chiaramente il momento migliore per provarci. Il loro mentore, Simon Cowell, era tra i pochi personaggi inglesi ad essersi costruito uno spazio anche negli Stati Uniti, ed era pronto a guidarli nell'avventura che avrebbe cambiato ancor più radicalmente la loro vita.

E così, verso la fine di gennaio del 2012, la relazione che aveva suscitato tante controversie e tanti commenti cominciò gradualmente a volgere al termine. Caroline sembrava averla presa un po' più seriamente di Harry, e si disse che era piuttosto giù di corda, ma lo stesso Harry si era reso conto che loro due non avevano più un granché da dirsi. Erano anche circolate voci secondo cui la relazione stava danneggiando l'immagine impeccabilmente curata degli One Direction, anche se, dato che quella non sarebbe stata di sicuro l'ultima storia di Harry con una donna più grande di lui, la cosa non stava molto in piedi. In ogni modo era tutto finito, ormai.

"Harry è stato molto realistico riguardo a questa vicenda", disse un amico al Daily Mirror. "Tra un paio di giorni partirà per l'America, e vuole potersi dedicare completamente alla band per costruire il successo degli One Direction negli Stati Uniti. Saranno di ritorno per i Brit Awards, ma in tutto staranno via per un paio di mesi. È un periodo lungo per due persone che sono lontane, specie con tutto quello che sta succedendo agli One Direction. Harry è giovane. Non è pronto per una relazione a distanza, qui sta il punto. Caroline gli piace molto e non vuole ferirla. Ma non vuole sentirsi legato". Harry stesso andò su twitter per annunciare che era stata una decisione condivisa. "Per favore, tenete presente che non ho 'scaricato' Caroline. È stata una decisione presa di comune accordo", scrisse in un tweet. "È una delle persone più dolci e gentili che io conosca. Per favore, rispettate noi e le nostre scelte".

Le fan furono notevolmente sollevate. E lo fu anche qualcuno molto più vicino a casa – Des, il padre di Harry.

Come tante altre persone, Des era stato piuttosto contrario alla relazione. Era una cosa "ridicola", dichiarò, aggiungendo "32 anni lei, o quanti ne ha, e 17 Harry, be', davvero un po' troppo".
La sola persona a prenderla con filosofia, invece, era stata la madre di Harry, a cui lui era molto attaccato. Come confermavano tutti, Caroline e Anne andavano d'accordo, e lei guardava alla cosa in modo molto pragmatico. "Non mi sono mai chiesta se la differenza di età fosse un problema o no. Il carattere conta più di ogni altra cosa", disse al Mirror. "Penso che più giovane sei, più la gente si preoccupa della differenza di età. Se Harry avesse avuto vent'anni di più, nessuno avrebbe avuto niente da dire. Mio marito aveva dieci anni più di me e questo non mi ha mai preoccupata".
Caroline la prese comunque con spavalderia e si presentò ai National Television Awards con i capelli di un nuovo colore castano scuro, e per quanto abbia probabilmente dovuto affrontare momenti di grande tristezza per la fine della loro storia, almeno non doveva più subire le interminabili critiche delle directioner e di quasi tutto il resto del mondo. Quella relazione non avrebbe mai potuto avere un futuro – al di là del divario di età, Harry stava per iniziare una vita completamente nuova. Stava anche per confermare le voci che lo descrivevano come un dongiovanni – nei mesi seguenti, Harry sarebbe stato associato a un bel po' di donne, un certo numero delle quali molto più grandi di lui. Decisamente quello era il suo tipo.
Non fu, comunque, proprio la fine di tutto. Più di un anno dopo che si erano lasciati, e dopo che Harry si era legato a

una sfilza di altre donne, si teneva ancora in contatto con lei e le mandava messaggini piccanti. “Caroline ci scherza su, dice che questo film si intitola ‘il ritorno di Harry’”, dichiarò un amico della presentatrice a Now magazine. “Le ha mandato sms pieni di allusioni. Uno diceva: ‘Hai un’aria molto sexy’. Lei sa che Harry è un marpione che la sa lunga, ma le piacciono i complimenti e ammette che continua a trovarlo irresistibile”. Ma i due erano passati ad altre storie, ormai.

Fu la fine di una fantastica avventura, che aveva attirato moltissima attenzione, e da cui Harry era uscito piuttosto bene, conservando la sua dignità e mostrando la propria maturità. Ma la vita di Harry aveva avuto una straordinaria svolta da quando era apparso a *X Factor* un anno prima, passando in un istante da studente delle superiori a grande rubacuori. E questo era solo l’inizio di una sensazionale carriera. Chi era allora Harry Styles? Com’erano nati gli One Direction? E com’era mai potuto accadere che lui si trasformasse in quella gigantesca popstar che è adesso?

2

I primi passi

Nicole Scherzinger era piuttosto pensierosa. L'ex Pussycat Doll e guest judge di *X Factor* era rimasta colpita dai cinque ragazzi che si erano esibiti nella settima edizione del programma, ma anche se ce l'avevano fatta a passare i provini e il bootcamp, per qualche motivo non erano poi stati in grado di superare la selezione che si svolgeva nelle Case dei giudici e di essere ammessi alla fase finale nella categoria Uomini 16-24 anni. Uno di quei ragazzi spiccava sugli altri: un sedicenne di nome Harry Styles, che aveva impressionato i giudici con la sua intepretazione di "Isn't She Lovely" di Stevie Wonder. Nicole, in particolare, gli aveva detto che aveva una voce incantevole, "lovely". Il giudice che le sedeva accanto, nonché il signore e padrone di *X Factor*, Simon Cowell, concordava con lei fino a un certo punto: diede il suo voto a Harry, ma gli disse anche che avrebbe avuto bisogno di lavorare a fondo con il vocal coach. C'era chiaramente del talento in quel ragazzo, ma come fare per sfruttarlo al meglio?
Lo stesso valeva per altri quattro ragazzi che si erano presentati come cantanti solisti in quell'edizione di *X Factor*:

Niall Horan, Liam Payne (concorrente di *X Factor* nel 2008, quando aveva 14 anni; Simon Cowell gli aveva detto di tornare a casa e di ripresentarsi di lì a due anni), Zayn Malik e Louis Tomlinson. I giudici di tutte le altre puntate, Dannii Minogue e Cheryl Cole, quella sera non c'erano (Dannii era in maternità e Cheryl era stata colpita dalla malaria) e così Nicole fu chiamata come guest judge. Per la stessa ragione, i produttori dello show decisero di eliminare in quella fase la partecipazione del pubblico da casa. Simon Cowell insieme a Louis Walsh divisero i concorrenti in quattro categorie: Uomini 16-24, Donne 16-24, over 25 (più tardi trasformata in over 28) e Gruppi. Quella volta i cinque ragazzi non andarono così bene – nessuno di loro riuscì a passare in base ai propri meriti individuali. Tuttavia Nicole ebbe un'idea: perché non riunirli e ammetterli tutti e cinque insieme alla fase finale nella categoria Gruppi? Forse poteva funzionare.

All'inizio i ragazzi avevano pensato che *X Factor* sarebbe stato un disastro totale. Harry era stato respinto senza tanti complimenti: "Mi pare che tu sia molto giovane", gli aveva detto Louis Walsh in un giudizio di cui si sarebbe pentito. "Non penso che tu abbia ancora l'esperienza e la sicurezza necessarie, io voto no". Harry fu mandato a casa – "ero distrutto al pensiero di non avercela fatta", confessò in seguito al Daily Mirror.

Cheryl fu altrettanto dura con Niall. Zayn e Louis fecero anche loro una brutta figura, e sebbene all'inizio Liam avesse indotto Simon a dire che l'interpretazione di "Cry Me A River" era stata "assolutamente incredibile" ("Qualunque

cosa sia il talento, tu ce l'hai", aveva aggiunto Cheryl), anche lui non era andato bene al bootcamp. Erano tutti molto abbattuti. "Mi sento a pezzi", disse Zayn.
"Ho telefonato ai miei e gliel'ho detto", aggiunse Liam. "I miei genitori mi aiutano sempre in tutto e credevano molto in me. Sento di aver fallito e di averli delusi".
Ma non tutto era perduto. Nicole non era l'unica ad avere il sentore che insieme sarebbero stati ben di più della somma delle parti. Anche Simon Cowell, un esperto conoscitore del mondo dello spettacolo, la pensava come lei. "Si erano presentati tutti come cantanti solisti", avrebbe detto a Rolling Stone qualche tempo dopo, quando quella band, nata da pochissimo, si stava trasformando nell'oggetto del desiderio dell'intero pianeta. "Ognuno di loro, preso singolarmente, aveva fatto un ottimo provino. Avevamo grandi speranze per due o tre in particolare, ma poi a un certo punto, durante le ultime fasi, le cose non sono andate più nel verso giusto. Ricordo che quando furono eliminati, avevo la brutta sensazione che forse non avremmo dovuto perderli, che forse c'era qualcos'altro che potevamo fare con loro. Ed è nata allora l'idea di provare a vedere se potevano funzionare come gruppo. Così abbiamo richiamato quei ragazzi. Erano gli unici cinque che trovavamo davvero interessanti".
Di sicuro i ragazzi sembravano avere qualcosa in comune. A parte Niall, che è irlandese, venivano tutti dal nord dell'Inghilterra, erano tutti tra i sedici e i diciotto anni e tre di loro avevano già fatto esperienza in campo musicale. Per di più, tutti e cinque avevano esattamente le qualità necessarie per piacere a un pubblico giovane

e femminile, con quella loro faccia pulita, non troppo mascolina né minacciosa, e anche, come dev'essere sempre con gli idoli delle adolescenti, dei bellissimi capelli. Fin dall'inizio, Harry spiccava sugli altri per tutte quelle qualità – e specialmente per la chioma. Oltretutto le boyband piacevano alle ragazzine più dei solisti, che tendevano ad aver maggior successo con un pubblico leggermente più adulto – forse è qualcosa che ha a che vedere con la sensazione di comprare cinque al prezzo di uno.
E così vennero richiamati e incontrarono Nicole, che gli presentò il nuovo piano. Quattro di loro si misero letteralmente a fare i salti di gioia, ma Liam, che si manteneva piuttosto cauto per via della sua precedente esperienza a *X Factor*, chiese del tempo per riflettere. "Dovevo decidere se ero pronto a gettare al vento tutto il lavoro che avevo fatto fino a quel momento", spiegò in seguito. "Mi ero veramente impegnato a fondo per riuscire come solista, ma dire di no significava tornarsene a casa senza niente". E così disse di sì.
Tutto sommato, fu come aver vinto un terno al lotto, e certo nessuno di loro aveva previsto simili sviluppi quando il 21 agosto 2010 aveva preso il via la settima edizione di *X Factor*, quella che avrebbe trasformato Harry e i suoi compagni in superstar internazionali. All'atto pratico, naturalmente, *X Factor*, che veniva di nuovo presentato da Dermot O'Leary su ITV, con lo spin-off di *Xtra Factor*, questa volta condotto da Konnie Huq su ITV2, era entrato in produzione già alcuni mesi prima, con i primi provini che si erano svolti a giugno e luglio. Simon Cowell, Louis Walsh e Cheryl Cole erano ancora

una volta i giudici, con Dannii Minogue in maternità (anche se il suo rientro era previsto per la fase nelle Case dei giudici), e con una serie di guest judge che avrebbe dovuto sostituirla per alcune puntate. Quanto a Cheryl Cole, non poté prendere parte ai provini che si tennero a Manchester perché aveva avuto un attacco di malaria. Quella fu la prima edizione di *X Factor* a essere girata in alta definizione, costantemente al centro di critiche e controversie, non ultimo perché ben due dei gruppi finalisti vennero formati con cantanti che si erano presentati come solisti, senza contare le lamentele dovute all'uso di un software di correzione vocale quando le performance dei concorrenti venivano trasmesse in tv. Detto questo, la finale venne seguita da 17 milioni di spettatori – l'audience più alta di tutto il 2010.

Il format del programma, in breve, era strutturato così. Nel dicembre del 2009 i potenziali concorrenti furono invitati ai provini. Essi si tennero nel giugno seguente a Glasgow, Birmingham, Londra, Dublino, Cardiff e Manchester. I guest judge che rimpiazzarono Dannii Minogue fino al suo rientro furono Geri Halliwell a Glasgow, Natalie Imbruglia a Birmingham, nessuno a Londra, Katy Perry a Dublino, la cantante Pixie Lott a Cardiff e Nicole Scherzinger a Manchester, dove mancava anche Cheryl Cole. Dopo i provini fu la volta del bootcamp, sempre senza Cheryl e Dannii, in cui Nicole Scherzinger fu di nuovo chiamata come guest judge, e in cui i concorrenti furono suddivisi nelle quattro categorie e vennero formati i due nuovi gruppi. Poi vi fu la selezione nelle Case dei giudici, e quindi la finale.

Del resto, fu proprio in quella fase iniziale del programma quando, in modo piuttosto inatteso, vennero creati due gruppi a partire da una selezione di cantanti solisti, che risultò chiaro a tutti che quella serie avrebbe riscosso un enorme successo. I ragazzi, in effetti, erano un po' incerti riguardo al brusco cambiamento di piani. Dopotutto si erano tutti iscritti decisi a sfondare come solisti, e fu un po' uno choc il ritrovarsi trasformati in una boyband assemblata lì per lì – per quanto ad assemblarla fossero stati Simon Cowell e Louis Walsh, due veterani del mondo dello spettacolo. Al di là di tutto, sarebbero stati capaci anche solo di andare avanti?
"Il mio primo pensiero è stato: riusciremo a essere un gruppo se manco ci conosciamo? Era un vero atto di fede", raccontò Liam a WalesOnline. "Non pensavo che avrei mai voluto far parte di un gruppo. Ma quando mi ci ritrovai dentro e imparai a conoscere un po' gli altri ragazzi, non mi sarei mai più sognato di dire di no", continuò Zayn.
In ogni caso, non è che avessero molta scelta. Si trattava di lavorare insieme o di abbandonare la gara – e nessuno di loro voleva andarsene a casa. Insomma, dovevano imparare in fretta, davanti a un pubblico di milioni di persone, e impadronirsi di nuove tecniche e competenze musicali. Nessuno di loro aveva mai fatto esperienza di canto in armonia e per un paio di settimane, secondo Zayn, cantarono semplicemente all'unisono, finché, a poco a poco, tutti i pezzi cominciarono finalmente ad andare al loro posto. La maggior parte delle boyband assemblate, solitamente, hanno un po' di tempo per provare e perfezionarsi lontano dai riflettori prima di esibirsi in pubblico,

per non dire poi di quello che avevano fatto i Take That, che avevano iniziato tenendo piccoli concerti nei locali in modo da costruirsi un seguito di fan mentre facevano esperienza e imparavano il mestiere.
Agli One Direction non era concesso niente del genere: non solo dovevano imparare in fretta, ma dovevano farlo sotto gli occhi del pubblico. I ragazzi si resero conto, del resto, che quella era una straordinaria opportunità, anche se non esattamente quella che si aspettavano, e alla fine decisero tutti di provarci.
Per conoscersi meglio andarono a stare tutti insieme nel Cheshire, in un bungalow di proprietà del patrigno di Harry, dove iniziarono dai fondamentali, come sapere ognuno i nomi degli altri. Poi fu la volta di decidere come si sarebbero presentati al pubblico: ogni band ha bisogno di un nome e loro non avevano molto tempo per pensarci su, ma Harry se ne uscì ben presto con la sua trovata. D'ora in poi sarebbero stati gli One Direction, in parte perché loro cinque si stavano muovendo in *un'unica direzione* e in parte perché *l'unica direzione* in cui si stavano muovendo era quella di chi vuole sfondare nel mondo dello spettacolo. In effetti quella scelta avrebbe un giorno dato adito a varie controversie, dato che era anche il nome di una band americana, e avrebbe addirittura condotto ad azioni legali, ma fin dall'inizio ai ragazzi quel nome piacque moltissimo. E così rimase quello. "Mentre eravamo lì [nel bungalow], Harry propose One Direction", spiegò Zayn. "Avevamo pensato anche a USP, mentre il padre di Liam se ne venne fuori con Status Single – che era semplicemente orrendo".

Il bootcamp, a cui a quel punto i ragazzi erano stati ammessi nella loro nuova veste di gruppo, si tenne alla Wembley Arena di Londra. Iniziò il 22 luglio, con la messa in onda prevista per il 25 e il 26 settembre: i 211 concorrenti furono divisi in quattro categorie, e la gara cominciò a diventare una cosa seria. Dopo le lezioni di canto, ogni categoria fu chiamata a interpretare una particolare canzone: la categoria Uomini 16-24 fece "Man In The Mirror", quella Donne 16-24 cantò "If I Were A Boy", gli over 25 "Poker Face" e i gruppi "Nothing's Gonna Stop Us Now". Alla fine del primo giorno il numero dei concorrenti passò da 211 a 108; il secondo giorno Brian Friedman, il direttore creativo, venne per dare una lezione di ballo, anche se non diede alcun giudizio sulla performance dei concorrenti. La gara stava decisamente entrando nel vivo.

Nicole fu di nuovo invitata come guest judge, e ora i vari partecipanti erano davvero chiamati a tirar fuori tutta la loro grinta. Ognuno ricevette una lista di quaranta canzoni, tra cui scegliere quella da interpretare; sempre in quel momento, dietro consiglio di Nicole, le categorie vennero leggermente modificate, così quella degli over 25 divenne over 28, mentre le categorie Uomini 16-24 e Donne 16-24 furono allargate in modo da comprendere cantanti tra i 16 e i 28 anni invece che tra i 16 e i 25, cosa che fu accolta da tutti con grande sollievo dato che alcuni dei concorrenti più forti appartenevano proprio alla fascia di età più alta. Considerata la vasta gamma dei talenti in gara, vennero apportati anche altri cambiamenti al format: di solito solo sei concorrenti di ogni categoria

passavano alla fase successiva nelle Case dei giudici, mentre quell'anno i concorrenti ammessi furono otto.
A questo punto delle eliminatorie i giudici iniziarono anche a essere personalmente coinvolti nell'andamento della gara. A ciascuno di loro erano stati assegnati vari concorrenti di cui era mentore, in modo da mettere i giudici stessi in competizione tra loro mentre continuavano a giudicare la gara che si svolgeva sul palco. A Simon Cowell venne data la categoria Gruppi, Louis Walsh divenne il mentore degli over 28, mentre Dannii e Cheryl, che sarebbero rientrate nel programma di lì a poco, ebbero rispettivamente le categorie degli Uomini 16-28 e delle Donne 16-28.
Alla fine gli One Direction non furono l'unico gruppo a essere messo insieme dal nulla in quella singolare edizione di *X Factor*: accadde la stessa cosa anche a un gruppo composto di cantanti soliste che si presentarono come Belle Amie. Visto il successo che ebbero in seguito gli 1D, tuttavia, si tende spesso a dimenticare che quella decisione suscitò un mare di polemiche all'epoca. Le altre band partecipanti a *X Factor* ebbero parecchio da ridire, specie quando i due nuovi gruppi cominciarono ad attirare molta più attenzione di quelli che erano in gara dall'inizio. Dietro le quinte si cominciò a mormorare che non era giusto, che Simon Cowell non avrebbe mai dovuto fare una cosa del genere. Alcuni personaggi del mondo dei media cavalcarono la polemica, lamentandosi del fatto che quell'anno tutte le regole erano state stravolte: cambiate le categorie, cambiato il numero dei concorrenti ammessi alla fase successiva, concorrenti che

entravano come solisti per proseguire poi come gruppi. Simon Cowell, che seguiva la categoria Gruppi, non diede troppo peso ai detrattori, sottolineando che alcune delle più famose band del mondo erano state messe insieme da qualcuno esterno alla band stessa. E comunque stavano tutti dimostrando di sapersela cavare piuttosto bene.
"Per essere sinceri i gruppi che partecipavano al programma non erano abbastanza bravi", disse in modo un po' brusco al Daily Star. "E del resto non è che un bel giorno i The Wanted si sono messi insieme dal nulla per magia. Lo stesso vale per le Spice Girls, i Westlife, i Jackson Five – qualcuno deve sempre agire da catalizzatore. Stare in gruppo non è facile, certo. Ma la vuoi sapere una cosa? È in queste situazioni che devi tirare fuori tutto quello che hai. Io penso che sia stato più giusto radunare questi cantanti in un gruppo piuttosto che farli andare a casa perché non erano ancora all'altezza".
In ogni caso gli One Direction stavano cominciando ad andare veramente alla grande. Nessuna band aveva mai vinto *X Factor* in passato, ma i ragazzi si erano gettati anima e corpo nella gara e ora erano passati alla fase successiva, quella delle Case dei giudici, che vide finalmente il ritorno di Dannii e di Cheryl, guarita dalla malaria. Come detto in precedenza, erano stati ammessi otto concorrenti per ogni categoria, e in questa fase i giudici cominciarono a essere maggiormente coinvolti e a prendere i concorrenti sotto la loro ala protettrice, guidandoli e aiutandoli – magari – a vincere. Ogni giudice era affiancato da un guest judge: Simon Cowell e Sinitta erano a Marbella, in Spagna; Louis Walsh e Sharon Osbourne ad Adare, nella

contea di Limerick, in Irlanda; Cheryl Cole e will.i.am a Coworth Park, vicino ad Ascot, nel Berkshire; e Dannii Minogue e Natalie Imbruglia a Melbourne, in Australia. Ogni giudice doveva fare da mentore a otto concorrenti. Tutti i concorrenti trascorsero una settimana nelle Case dei giudici e interpretarono due canzoni: ogni giudice, insieme al suo guest judge, eliminò cinque concorrenti, lasciandone in gara dodici, e le parti salienti di quella fase andarono in onda il 2 e il 3 ottobre 2010. Il gioco si faceva sempre più duro. E fu a quel punto che le personalità più forti cominciarono a emergere: molte di queste, peraltro, erano destinate a farsi un nome, anche se sarebbero state eliminate nel corso del programma. C'era Cher Lloyd, che sembrava imitare moltissimo lo stile della sua mentore Cheryl Cole. Di sicuro tra le due c'era un'incredibile somiglianza, ma molti erano preoccupati perché Cher non mangiava quasi niente.

Poi c'era Katie Waissel, destinata a diventare un personaggio poco amato in quell'edizione di *X Factor*: certe volte dava l'impressione di manipolare le persone e di essere troppo dura e diretta. Ma anche lei ha costruito la sua carriera a partire da *X Factor*, sebbene non sia riuscita a vincere. Rebecca Ferguson, studentessa e ragazza madre, e Matt Cardle, un ex pittore e decoratore di Little Maplestead, nella contea di Essex, spiccavano su tutti gli altri, mentre un'altra partecipante era la cantautrice irlandese Mary Byrne, che riscosse un inatteso successo presso i telespettatori. A cinquantun anni, Mary era notevolmente più vecchia di gran parte degli altri concorrenti e, dopo aver rinunciato a una promettente carriera come cantante all'età di vent'anni, lavorava ora in un supermercato Tesco. Nei mesi seguenti la trasmissione le avrebbe dato quel successo che lei aveva sperato di raggiungere molti anni prima, permettendole di intraprendere un'importante carriera musicale.

In più, alcuni concorrenti che non erano passati alla fase successiva vennero richiamati per partecipare come wildcard al primo concerto dal vivo, che si tenne il 9 ottobre: erano Paije Richardson, Treye Cohen, Wagner e Diva Fever. Anche loro finirono per suscitare altre polemiche e attirare l'attenzione: Wagner Fiuza-Carrilho, 54 anni, quindi piuttosto in là con l'età, era un brasiliano dalla forte personalità e dal temperamento decisamente sopra le righe che calamitavano la curiosità del pubblico. Dal canto suo, Treye Cohen aveva già preso parte alla sesta edizione di *X Factor* (creò un po' di confusione il fatto che lì gareggiava nella categoria over 25, mentre in quella edizione, a causa dei cambiamenti apportati alle fasce d'età, era nella categoria Donne 16-28): anche lei fu oggetto di qualche controversia quando si venne a sapere che aveva ottenuto un contratto discografico prima di prendere parte all'ultima edizione di *X Factor*, il che era rigorosamente vietato. Si disse che *X Factor* stava tentando di svincolare Treye dal contratto – e in seguito saltò fuori che anche Katie Waissel, subito dopo l'audizione, aveva dovuto sciogliere il contratto che aveva negli Stati Uniti.

Questo, dunque, era il parterre dei concorrenti: *X Factor* annoverava personalità forti ed estremamente competitive, determinatissime a vincere. E Simon Cowell, che sapeva fin troppo bene che tutti i colpi bassi, le pugnalate alle spalle, le voci di corridoio, i pettegolezzi, le malignità e le controversie potevano solo far aumentare gli ascolti di *X Factor* (e fu quello che puntualmente accadde), era entusiasta della varietà dei talenti in campo. "Forse a volte certe persone si comportano male – e allora? A me va bene così, almeno si stanno divertendo", disse Simon al Daily Star in una delle sue tipiche interviste a muso duro. "Bisogna sempre riuscire a mantenere un certo controllo sulla situazione, ma alla fine vogliamo che le personalità forti vadano avanti, così c'è da divertirsi. Se entrano nel mondo dello spettacolo, devono avere i loro buoni motivi per farlo, che non sono di sicuro quello di starsene seduti in biblioteca fino alle tre del mattino. Ho abolito dal loro vocabolario la parola 'viaggio', perché era un termine chiave di una certa mentalità. Ne abbiamo fin sopra i capelli di quelli che ti raccontano fesserie del tipo 'lo faccio per la mamma che si è rotta una gamba'. Quando avevo 17 anni, il motivo per cui non ho mai comprato un album di David Bowie è che a *Top of the Pops* aveva parlato del lungo viaggio che era per lui la musica. Ti piace la musica e ti piace anche la vita che fanno. Quello che stiamo provando a evitare sono i diciassettenni che se ne vengono fuori con storie patetiche e lamentose e che cantano canzoni troppo vecchie per loro nella speranza di diventare i beniamini del pubblico. Non voglio che questa sia una gara per ottenere popolarità. L'importante è che questa rimanga una gara che fa emergere il talento. Per quanto mi riguarda, io quest'anno sto solo tentando di incoraggiarli a essere ragazzi della loro età e a fare quello che vorrebbero fare se mai diventassero popstar, e vorrei

anche che tutti si rilassassero un po' e prendessero le cose con più calma".
Fu mentre si trovava nella sua casa di Marbella con i ragazzi che Simon Cowell cominciò a rendersi conto di cosa gli era capitato tra le mani. Gli One Direction dovevano cantare "Torn" per lui – ma ancora una volta ci si mise di mezzo la sfortuna quando Louis venne punto da un riccio di mare e dovette essere portato di corsa all'ospedale. Sebbene fosse ancora sofferente, non si perse d'animo: "Sono salito zoppicando sul palco dove dovevamo cantare, e Simon è scoppiato a ridere", raccontò in seguito al Daily Mirror. "Era un incubo, ma ho stretto i denti".
E Simon ne fu contento. "Sono in gamba, veramente notevoli", disse visibilmente compiaciuto alla guest judge Sinitta. "Ragazzi, mi avete toccato il cuore. Promossi!". E un'altra battaglia era stata vinta.
Intanto quella si stava rivelando una sensazionale edizione di *X Factor*. Il pubblico non si trovava sempre d'accordo con i giudici e non aveva paura di mostrarlo: ci fu una reazione furiosa quando Cheryl mandò in finale Cher e Katie ed eliminò invece Gamu Nhengu, beniamina dei telespettatori. E nei giorni seguenti la situazione non fece che peggiorare: fu lanciata una campagna su facebook che attaccava violentemente Cheryl per la sua decisione. Si diceva che fosse stata costretta ad aumentare le misure di sicurezza nella sua casa del Surrey. Secondo altre voci anche *X Factor* dovette aumentare le proprie misure di sicurezza – gli spettatori si sentivano sempre più emotivamente coinvolti negli esiti della competizione, e nessuno

dell'organizzazione voleva correre rischi. Ma intanto i dati degli ascolti continuavano a crescere, e anche se Simon aveva espresso un certo disprezzo per chiunque considerasse la sua partecipazione al programma come un "viaggio", il pubblico la pensava diversamente. Tantissime storie di vita entrarono in gioco durante quell'*X Factor*, e spesso il coinvolgimento emotivo salì alle stelle.

Le performance dal vivo dei concorrenti si tenevano ai Fountain Studios di Wembley, nella zona nord-ovest di Londra, e andavano in onda al sabato sera, con i risultati che venivano annunciati la domenica. Ogni settimana le canzoni avevano un tema differente, mentre i concorrenti venivano progressivamente eliminati.

La prima canzone degli One Direction come gruppo fu una versione acustica di "Torn", unanimemente considerata un'ottima interpretazione, bella rivincita per tutti coloro che credevano nel neogruppo. Nella prima settimana delle performance dal vivo gli 1D cantarono "Viva La Vida"; nella seconda fu la volta di "Musical Heroes" e, dopo quella, di "My Life Would Suck Without You". Tutti cominciarono a notarli: Cheryl disse che erano davvero "carini", Dannii li definì "cinque rubacuori" (e in questo aveva di certo ragione) e Simon affermò che erano la band inglese più entusiasmante del momento: commenti da far girare la testa!

Gli One Direction stavano andando alla grande, e ogni settimana superavano la selezione. La canzone successiva fu "Nobody Knows", seguita da "Total Eclipse of the Heart", e quando le Belle Amie furono eliminate alla fine della quarta settimana, gli 1D rimasero l'unico gruppo

di Simon ancora in gara. Naturalmente, per quanto lo riguardava, chiunque avesse vinto sarebbe stato un affare per lui, dato che il vincitore avrebbe firmato un contratto con la Syco, la sua etichetta discografica, ma non di meno si creò tra i giudici una dinamica di rapporti accesi e stimolanti che contribuì senza dubbio al successo del programma. Non che ci fosse chissà che pericolo che gli One Direction fossero eliminati. Nel corso dell'intero programma non finirono mai agli ultimi due posti della classifica, in quella zona a rischio in cui uno dei due viene eliminato, anzi, continuarono a migliorare di puntata in puntata, interpretando di volta in volta "Kids In America", "Something About The Way You Look Tonight" e "All You Need Is Love". Quest'ultima, in particolare, fu una scelta azzeccatissima: le ragazzine cominciavano ad andare in delirio per loro.
In ogni modo, ora che le performance erano dal vivo, la tensione cominciava a farsi sentire. Harry diventava così nervoso prima di andare in scena che una volta vomitò in corridoio. Ebbe anche alcuni attacchi di panico, e la cosa diventò così seria che cominciò a fare esercizi di respirazione per rilassarsi, e a bere sorsi di acqua frizzante per calmare le fitte allo stomaco. Qualcuno propose addirittura di chiamare Paul McKenna, l'ipnoterapista delle celebrità, per aiutarlo a superare la paura del palcoscenico. In effetti, le cose peggiorarono al punto che Harry cominciò a vomitare sangue, tanto che fu necessario portarlo all'ospedale. Poi alla fine, con il passare del tempo, riuscì da solo a controllare il suo nervosismo.

Nessuno della band aveva mai provato un'esperienza televisiva prima di allora, e per loro era particolarmente dura, perché avevano dovuto maturare molto in fretta come gruppo, senza poter prima andare in giro a fare piccoli concerti e senza potersi concedere qualche fiasco lontano dagli sguardi del grande pubblico. Erano ancora tutti molto giovani, eppure non solo apparivano e si esibivano sulla tv nazionale, ma stavano anche diventando l'oggetto di un intenso interesse da parte dei media. Perfino il più rodato degli artisti può sentire come un'intrusione nella sua vita una quantità eccessiva di attenzione mediatica, e per degli adolescenti, alcuni dei quali, come Harry, avevano appena finito la scuola, quell'esperienza, nel complesso, era massacrante. Ma Harry sapeva che doveva imparare a farcela. C'erano così tante cose in gioco che adesso non si poteva più tornare indietro.

E la situazione non migliorò quando varie malattie iniziarono a colpire dietro le quinte. Niall finì per contrarre una laringite, altri concorrenti ebbero diversi problemi di salute e lo stesso Simon si ammalò e stette così male da non riuscire ad alzarsi dal letto, dove pare prendesse solo miele e limone, la mousse Angel's Delight e la zuppa di pollo che gli preparava amorevolmente sua madre. Ma restava il fatto che lui non era presente. E questo significava che non poteva assistere alle prove degli One Direction e dare loro consigli da mentore: la sua ex fidanzata, la cantante Sinitta, fu chiamata a sostituirlo.

Nel frattempo una serie di famosi artisti che venivano invitati come ospiti stavano facendo assaporare ai concorrenti cosa li aspettava a fine programma, se fossero riusciti ad andare avanti. Joe McElderry e Usher si esibirono la prima settimana, Diana Vickers e Katy Perry la seconda, mentre la terza settimana cantarono niente di meno che Cheryl Cole e Michael Bublé. Rihanna, Bon Jovi e Jamiroquai furono gli ospiti della quarta puntata, Shayne Ward e Kylie Minogue della quinta, i Take That, i Westlife e i Jack the Lad Swing della sesta e Olly Murs della settima. Nell'ottava settimana vennero chiamati Justin Bieber, i The Wanted e Nicole Scherzinger, per la semifinale arrivarono i Black Eyed Peas, il cast di Glee e Alexandra Burke, mentre Rihanna e Christina Aguilera cantarono nel corso della prima delle due puntate della finale e i Take That nella seconda. Era davvero una parata di star, anche se Harry e i suoi amici non avevano la minima idea che sarebbero stati presto famosi e ricercati quanto quei grandi nomi che venivano come ospiti del programma.

Di sicuro gli One Direction cominciavano a farsi notare. Brian Friedman, il coreografo di *X Factor*, dichiarò apertamente che avrebbe voluto vederli vincere, intuendo giustamente il crescente appeal che avevano sul pubblico. "Gli One Direction sono esattamente quello che le classifiche vogliono in questo momento", disse al Daily Star, aggiungendo un commento premonitore: "Sono giovani e belli, e sanno cantare. Non si fa fatica a immaginare madri e figlie che si innamorano di loro in ogni parte del paese".

3

Sale la pressione

Quando il programma entrò nel vivo, iniziarono i soliti battibecchi tra i giudici nel backstage (utilissimi per far salire gli ascolti e far parlare della trasmissione). Louis disse a Cheryl: "Non ci sei solo tu in questo programma". Cheryl pensava che Louis fosse "un vecchio sciocco in cerca di attenzione". Una sera Simon sottolineò che Cheryl era "meno arancione" del solito. Cheryl replicò che i denti di Simon erano più bianchi che mai. Per non essere da meno, i concorrenti cominciarono a litigare tra loro, con una in particolare, Katie Waissel, che si mise nei guai da sola quando alluse al fatto che era andata a letto con il favorito per la vittoria finale, Matt Cardle, una storia che venne considerata da molti come un tentativo di non essere eliminata da *X Factor*. Matt reagì vivacemente, ma il piano di Katie funzionò – e rimase in gara. Niente di tutto questo diminuì la popolarità del programma, sebbene creò ancora più ostilità nei confronti di Katie. La sensazione generale era che lei tendeva a manipolare le persone.
Poi c'era la diciassettenne Cher Lloyd, destinata anche lei a farsi un nome. Cominciarono a circolare voci che lei e

Harry, più giovane di un anno, fossero sempre più intimi. L'unica cosa sorprendente in questo, viste le successive relazioni di Harry con altre donne, era che Cher fosse più vecchia di lui solo di un anno, ma le doti da rubacuori di Harry erano già evidenti, e qualunque fosse il modo in cui la storia era venuta a galla, non ebbe certo un impatto negativo sui dati d'ascolto. Quale che fosse la verità sulla loro relazione, i due finirono per attirare su di sé più attenzione che mai: gli One Direction, Cher, Katie e tutti gli altri furono sul punto di scatenare un piccolo tumulto quando andarono a fare un po' di shopping a Topshop e Topman, dove li aveva invitati il proprietario della catena, Philip Green, affinché si rifornissero di tutto quello di cui avevano bisogno – alla fine fu necessario chiamare oltre quaranta agenti di sicurezza. Il segnale che la pressione era veramente forte, comunque, fu che Katie svenne. Non era solo Harry a subire lo stress di una fama fino ad allora sconosciuta, di una popolarità appena conquistata. Detto questo, il gruppo iniziava anche a dare segno di apprezzare l'attenzione della gente, tanto che furono addirittura un po' gelosi, stando ad alcune voci, di scoprire che l'isteria collettiva non era stata provocata solo da loro, ma anche dagli altri concorrenti di *X Factor*, Matt, Aiden Grimshaw e John Adeleye.

Dietro le quinte intanto continuavano i contrasti. Si disse che ci furono discussioni su chi avrebbe cantato cosa: Katie Waissel, a dire di tutti, non aveva molta intenzione di cantare "I Wanna Be Like You", il pezzo tratto dal *Libro della giungla*, Aiden Grimshaw, Wagner Carrilho e Matt Cardle erano preoccupati che le loro canzoni li facessero sembrare gay (i brani che dovevano cantare erano, rispettivamente, "Diamonds Are Forever", "Spice Up Your Life" e "Baby One More Time") e gli One Direction erano a loro volta scontenti del loro pezzo, "Nobody Knows". Come sempre, tuttavia, qualsiasi pubblicità era sempre un'ottima pubblicità, e i ragazzi spiccavano più che mai su tutti gli altri concorrenti.

Simon si rese chiaramente conto di avere tra le mani dei potenziali vincitori, indipendentemente dal fatto che trionfassero o meno a *X Factor*. "Nel momento in cui li ho visti lì per la prima volta tutti insieme, ho avuto una strana sensazione", avrebbe dichiarato a Rolling Stone molti mesi dopo. "Sembravano davvero un gruppo, a quel punto. Avevo delle buone sensazioni, ma poi ovviamente c'erano da aspettare circa cinque settimane, durante le quali avrebbero lavorato insieme. Dovevano tornare per un'altra fase del programma in cui si sarebbero esibiti come gruppo per la prima volta. Ero inquieto e mi chiedevo se cinque settimane sarebbero state abbastanza, ma loro sono tornati cinque settimane dopo, e sono stati assolutamente sensazionali". Sì, lo furono davvero.

In questi grandi talent show, la storia che ha più successo non è sempre quella di chi vince. Ci dimentichiamo spesso, per esempio, che Susan Boyle, in realtà, non vinse Britain's Got Talent (che aveva la stessa identica giuria dell'edizione di *X Factor* che fece conoscere gli One Direction al mondo), ma arrivò seconda. Allo stesso modo stava ora diventando sempre più evidente che qualunque fosse il verdetto finale di quell'edizione di *X Factor*, qualunque fosse il vincitore, gli One Direction avevano davanti a loro una carriera lunga e importante. Non stavano soltanto attirando moltissima attenzione da parte del pubblico: sebbene fossero nati come gruppo solo pochi mesi prima, gli 1D potevano già contare su un loro seguito di ammiratrici. I diversi componenti del gruppo richiamavano ognuno un diverso genere di fan, e Harry cominciava già a emergere sugli altri. Era ancora alle prese con gli attacchi di panico e la paura da palcoscenico, ma il futuro appariva ogni giorno più luminoso, con grandi traguardi che si schiudevano davanti a lui. Tutti e cinque stavano iniziando a capire che ora avevano a portata di mano un favoloso futuro.

E comunque, insieme a Matt Cardle, erano dei seri pretendenti alla vittoria finale. Le loro omologhe al femminile, le Belle Amie, erano appena state eliminate dal pubblico (che aveva invece salvato Katie Waissel), il che significava che gli One Direction erano l'unico gruppo di Simon Cowell rimasto in gara. L'astuto Simon, naturalmente, era in una posizione tale da poter trarre vantaggio da qualsiasi risultato, ma altra gente dell'industria discografica iniziava a quel punto ad interessarsi ai concorrenti. I ragazzi, intanto, stavano cominciando a divertirsi: per la puntata di Halloween si travestirono da giovani vampiri e cantarono "Total Eclipse Of Your Heart". Poi fecero il loro primo red carpet, collegato a un altro famoso Harry, quando andarono alla prima di *Harry Potter e i Doni della Morte* (era presente anche Cher Lloyd), e anche se vennero un po' messi in ombra dalle star del film, in particolar modo da Daniel Radcliffe, scatenarono un buon numero di gridolini tra il pubblico femminile.

E, a quanto si seppe quella sera, Emma Watson sperava che vincessero gli One Direction.
In tutti e cinque, nel frattempo, era già in atto quella strana trasformazione da cantante a star, e più diventavano famosi, più diventavano sicuri di sé. La fama e il successo creano una sorta di circolo virtuoso: più una persona ha successo e fama, più ne continua ad accumulare. Era ormai chiaro a tutti che i ragazzi avevano davanti a loro un grande futuro: restava solo da vedere che forma avrebbe preso. Dal canto loro, i ragazzi non potevano fare a meno di essere un po' disorientati da tutto quello che gli stava succedendo intorno – non ultimo dalla richiesta di due fan di farsi fare un autografo degli One Direction sulle unghie dei piedi. Ma loro si prestarono di buon grado.
Anche la fama, comunque, ha un rovescio della medaglia pronto a manifestarsi, e furono le concorrenti di *X Factor* ad imbattercisi, soffrendo per prime la tensione. Katie Waissel, che era diventata estremamente impopolare presso ampie fasce di telespettatori, confessò al Daily Star che era sempre più nervosa quando doveva andare davanti al pubblico: "Non è una situazione facile quella in cui siamo", disse. "Quando devo salire sul palco, sono spaventata. Non so come reagirà il pubblico vedendomi. Siamo usciti tutti insieme, in gruppo, e io ho sempre paura che la gente dica qualcosa contro di me. In fin dei conti sono una ragazza di 24 anni, ed essere fischiata dal pubblico per… bè, non lo so perché, è un'esperienza che fa male. L'altro giorno ero ad assistere ad alcune prove al Covent Garden e qualcuno mi ha tirato una buccia di banana".

Nemmeno i giudici erano esenti da una certa pressione. I battibecchi continuavano, e per quanto una parte possa essere stata inscenata a bella posta, quei diverbi avevano spesso una certa punta di malignità, da cui si evinceva che a volte i giudici non si sopportavano più. E le cose non migliorarono quando ci fu una contestazione e una delle concorrenti, Treyc Cohen, venne eliminata al posto della meno talentuosa Katie che Cheryl si era rifiutata di proporre per la nomination, prendendo una decisione interpretata da molti come autoprotezione. Quell'episodio provocò un rimprovero da parte di Simon e ancora più malumori dietro le quinte. Ma ebbe anche un'enorme copertura mediatica, con pesanti critiche all'indirizzo di Cheryl che, per quanto fosse una vecchia volpe del mondo dello spettacolo, non sarebbe stata umana se non si fosse sentita minimamente ferita. Eppure, di nuovo, ci furono accuse che le sue reazioni erano tutte calcolate, e una volta di più serpeggiò qualche maldicenza e gelosia, insieme, naturalmente, alle battute e agli scherzi a cui ricorse con ottimi risultati ognuna delle persone coinvolte.
Tutto questo era davvero così importante? No, certo che no. Se non altro, però, questa era una lezione per Harry e i suoi amici su come generare pubblicità: Simon, Cheryl e tutti gli altri erano consumati maestri nell'arte di manipolare i media, di volgere gli eventi a proprio vantaggio andando dritti per la loro strada. Sebbene Harry e alcuni dei suoi nuovi amici avessero avuto in passato qualche piccola esperienza in campo musicale, nessuno di loro aveva visto da vicino il mondo dello spettacolo fino a

quel momento, e data tutta l'attenzione che avrebbero presto catalizzato, quello era un banco di prova fondamentale per imparare a cavarsela. Non che all'epoca i ragazzi se ne rendessero conto, in ogni modo, perché, a mano a mano che il programma andava avanti con le sue schermaglie, le tensioni aumentavano insieme alla posta in gioco.

Inevitabilmente ci furono voci di attriti all'interno della band – il che non può certo sorprendere se si pensa che fino ad alcuni mesi prima i ragazzi nemmeno si conoscevano, mentre ora dovevano essere uniti in nome di un grande obiettivo comune. Più si avvicinavano alla meta finale, maggiore era la pressione a cui erano sottoposti. Erano entrati in gara da perfetti sconosciuti, con ben poco da perdere; ora c'era tutto da guadagnare, e questo non poteva che creare tensione.

I giudici, sempre ben consapevoli dei buoni risultati di ascolto che stavano ottenendo, continuavano a battibeccare tra loro. Cheryl minacciò di rifiutarsi di votare se due dei suoi concorrenti fossero andati al ballottaggio, al che Simon replicò che Cheryl faceva "la bambina capricciosa". Intervenne allora Louis, commentando con il suo tono impassibile che "prima della puntata Simon si era fatto fare un trattamento facciale che gli aveva fatto male al cervello". Simon controbatté subito definendo Louis un "volgare maiale", ma Dannii ci andò giù ancora più pesante e chiese a Simon di elencare per nome e cognome i cinque componenti degli One Direction, cosa che lui non fu in grado di fare. "Non sa neppure i nomi dei suoi concorrenti", ghignò Louis.

Poi giudici e concorrenti unirono le forze quando Wagner concesse a un magazine un'intervista piuttosto sventata, in cui dichiarava che Cheryl era "solo una ragazza dei quartieri popolari che ha avuto un colpo di fortuna". Quelle parole provocarono un violento scontro in televisione con Cheryl, che era orgogliosa delle sue origini, come fece sapere a Wagner. Chiaramente non c'era molto feeling tra i due, e i giornali – e il pubblico – ci andarono a nozze.

Perfino persone che non avevano niente a che vedere con il programma finirono per farsi coinvolgere nelle polemiche, affibbiando pesanti apprezzamenti. Sir Elton John, che non si è certo mai tirato indietro quando ha avuto la possibilità di far parlare di sé, lanciò pubblicamente un'accusa a *X Factor*, dicendo che non preparava i cantanti a diventare delle star e che era "una noia che ti paralizza il culo e ti azzoppa il cervello". Per tutta risposta i produttori di *X Factor*, non essendo abituati neanche loro a sprecare una buona occasione per far parlare di sé, dedicarono prontamente la puntata seguente a Elton John, facendo cantare ai concorrenti rimasti alcune delle sue canzoni. Nel complesso il risultato fu piuttosto orrendo, con la sola, notevole eccezione degli One Direction, che interpretarono magnificamente "Something About The Way You Look Tonight".

Di puntata in puntata aumentava l'interesse generale per il programma. Rimasti in sedici, i concorrenti resero visita all'ospedale militare di Headley Court nel Surrey, dove venivano curati i feriti di guerra dell'Afghanistan e dell'Iraq. Tutti furono all'altezza del compito, e parlarono con calore dello spirito combattivo e della determinazione che quei coraggiosi veterani stavano dimostrando nella battaglia che combattevano per la guarigione. Katie, Matt, Cher e Zayn dichiararono la loro ammirazione per gli invalidi, e diedero prova di ulteriore generosità quando si seppe che tutti e sedici avrebbero inciso una cover di "Heroes", un classico di David Bowie, devolvendo il ricavato delle vendite del disco all'associazione benefica Help for Heroes. La canzone fu registrata in ottobre, i sedici la cantarono nella puntata del 20 novembre, e il disco entrò direttamente al primo posto delle classifiche inglesi e irlandesi.

La successiva puntata a tema venne dedicata ai Beatles. Katie si produsse in una buona interpretazione di "Help!", Matt scelse "Come Together", Cher Lloyd cantò "Imagine" (che non era precisamente una canzone dei Beatles, essendo stata scritta da John dopo lo scioglimento del gruppo) e gli One Direction ci diedero dentro con "All You Need Is Love". In quell'occasione Paije Richardson fu lo sfortunato che venne mandato a casa, mentre gli 1D rimasero saldamente in corsa.

A mano a mano che andava avanti la trasmissione, si faceva sempre più forte l'interesse del pubblico per i concorrenti e per le loro vicende. Gli One Direction dovettero abituarsi in fretta alla curiosità che il pubblico dimostrava di nutrire nei loro confronti, ma almeno non erano nella posizione di Katie. La situazione si fece quasi farsesca quando si venne a sapere che la nonna ottantunenne di Katie, Sheila Vogel-Coupe, era stata non solo una mondana nel senso più osé del termine, ma anche la protagonista di una serie di film porno. Katie era già sottoposta a un'incredibile pressione, e si temette che la notizia potesse farle perdere il controllo, anche se in verità la ragazza era stata tanto bersagliata dai media che un'altra crisi non avrebbe potuto ferirla più di tanto. Quello che pensarono di quella serata gli One Direction non è mai stato detto in pubblico, ma la sensazione è che fossero decisamente contenti di come stavano andando le cose, visto che tra l'altro li avevano invitati a una sfilata di moda di very.co.uk. ed erano stati messi in prima fila. In quell'occasione furono più che felici di fare due chiacchiere con alcune modelle in abiti succinti – specie Harry che, in uno dei primi segnali che diede della sua passione per le belle donne, fu visto parlare a lungo con una ragazza molto carina.

Katie e Wagner furono lì lì per lasciare la trasmissione, al punto che Wagner minacciò di scrivere un libro-confessione su tutto quello che succedeva dietro le quinte. Altre inquietudini sorsero quando alcuni dei concorrenti rimasti in gara si ammalarono e non poterono partecipare alla trasmissione. Ci fu persino il timore che Cheryl potesse aver avuto una ricaduta della malaria che l'aveva tormentata nella prima parte dell'anno. Gli 1D, tuttavia, avevano ben altro di cui crucciarsi – per esempio, il successo avuto finora poteva anche essere controproducente: "La cosa che più mi preoccupa è che guardandoci da casa la gente può benissimo pensare: 'Gli One Direction non sono certo a rischio di eliminazione, perché non sono mai finiti agli ultimi due posti', ma non è affatto così", disse Louis con una certa apprensione. "Guardando i concorrenti eliminati

finora, è chiaro che nessuno è mai 'al sicuro'. Quest'anno è stato il più imprevedibile di tutti. A volte può capitare che la gente veda tutte le nostre fan e pensi che non serva votare per noi. Io spero invece che lo facciano tutti".
Chi non sembrava preoccuparsi troppo era Simon Cowell. Aveva fatto sapere a tutti che, qualunque fosse stato l'esito della gara, lui aveva intenzione di mettere sotto contratto Matt Cardle, Rebecca Ferguson, Cher Lloyd e gli One Direction, come confermò anche Sinitta, sua ex fiamma e ora amica fidata. "Non c'è dubbio che Simon voglia occuparsi di loro", spiegò. "È convinto che abbiano enormi potenzialità". Simon sconcertò anche i fan dichiarando pubblicamente che Cheryl avrebbe partecipato all'album d'esordio di Cher Lloyd. Se tutto questo mirava a far salire l'interesse del pubblico per *X Factor*, di certo funzionò alla grande: all'inizio di dicembre del 2010 un'audience da record di venti milioni di telespettatori seguì la puntata in cui veniva eliminata Mary Byrne, commessa della Tesco. Intanto le finali erano sempre più vicine, e Cher, Matt, Rebecca e gli One Direction erano tutti riusciti a passare il turno.
L'eliminazione di Mary fece infuriare i telespettatori e la stessa, che non pensava di corrispondere all'immagine di lei che voleva proiettare Simon. Era stata una concorrente estremamente popolare, una beniamina del pubblico e una delle rivelazioni di quella edizione. Era veramente fuori di sé, e non si fece alcun scrupolo a confermare i sospetti di alcuni detrattori di *X Factor*: "Questo non è affatto il programma che la gente s'immagina", dichiarò in un'intervista al Mirror. "Sapevo che il pubblico aveva

votato perché restassi in gara, e io pensavo davvero che il risultato sarebbe stato determinato dal loro voto unicamente. È stato soltanto sabato che ho scoperto della sfida di spareggio in cui a decidere sarebbero stati i giudici. È ovvio che Simon non mi voleva in finale, e questo lo capisco. Secondo lui le mie canzoni non si venderanno come quelle di Cher, perciò non mi avrebbe mai fatto passare. Hanno stabilito che dovevo perdere. Non contava niente quello che pensava il pubblico". In effetti, l'eliminazione di Mary causò un tale malcontento che Simon fu costretto a respingere le accuse di combine in una lettera aperta pubblicata su un giornale. Il problema, quando si crea un mostro – sia questo un concorrente che diventa popolare o il programma stesso –, è che può talvolta sfuggire al controllo del suo artefice.

L'interesse del pubblico e dei media era più alto che mai, e tutti i personaggi coinvolti erano determinati a trarre da quella situazione il massimo vantaggio possibile. Tutti, infatti, erano impegnati a far parlare di sé, ognuno a modo proprio. Cher venne fotografata in lacrime quando i bambini della scuola elementare che aveva frequentato da piccola le regalarono un mazzo di fiori e un biglietto con gli auguri di buona fortuna, e lei e Cheryl, che l'aveva accompagnata, dovettero essere scortate dalla polizia mentre visitavano Malvern, nel Worcestershire, dove Cher era cresciuta. Nel frattempo Matt fece una piccola esibizione nel locale The Five Bells a Colne Engaine, vicino a Colchester, e si ritrovò assediato dalla folla.

Tutto questo, comunque, era nulla se paragonato all'accoglienza riservata agli One Direction. Innanzitutto fecero visita a Holmes Chapel, nel Cheshire, la città dov'era nato Harry; poi tennero un piccolo concerto all'aperto in Queen Square a Wolverhampton, la città di Liam. L'entusiasmo che suscitarono negli oltre 4000 spettatori fu tale che trentacinque persone dovettero essere curate per le ferite riportate – segno inequivocabile, se ce n'era ancora bisogno, che i ragazzi si erano creati un nutrito seguito di fan e stavano diventando star di prima grandezza.

Tutti coloro che erano coinvolti nel programma ne furono contenti. A dispetto delle accuse ricevute dal mondo dello spettacolo, e in particolar modo da Elton John, quell'edizione di *X Factor* aveva fatto registrare un grandissimo interesse generale e una straordinaria quantità di spettatori, e il futuro della trasmissione sembrava assicurato. "Se pensate ai programmi musicali di qualche anno fa, era tutto una noia", commentò Simon Cowell al Daily Express. "Nel nostro programma gli artisti si impegnano concretamente a mettere in piedi uno spettacolo, e penso che questo sia davvero salutare. Anno dopo anno ho fatto del mio meglio per rendere la trasmissione sempre più interessante. Preferisco di gran lunga scatenare polemiche che venire etichettato come noioso e prevedibile. Non so nemmeno se Cheryl, Dannii e Louis ci saranno ancora l'anno prossimo. Ogni anno rinnoviamo e rivediamo tutto da cima a fondo. Non so neppure se io stesso ci sarò ancora – quello che ci sarà di sicuro è *X Factor*".

In quell'edizione, comunque, nessuno era andato meglio degli One Direction. I cinque erano già stati avvistati negli uffici di Cowell a Londra, e a un certo punto, nel corso del programma, lui aveva commentato: "Se questa fosse un'audizione nel mio ufficio, li metterei subito sotto contratto". Sembrava apprezzarli anche sul piano personale: "Sono molto gentili con la crew. Si può sempre capire com'è veramente un artista osservando se è cortese lontano dalle telecamere e come tratta la crew, la gente che ha intorno e i fan. Loro ti fanno divertire un sacco – sono tipi simpatici. Spero sinceramente che vincano". Detta in altre parole, erano già perfetti professionisti; capivano benissimo cosa ci si aspettava da loro e si rendevano conto che quella era la loro grande opportunità, e che non dovevano sprecarla.

Louis Walsh era chiaramente convinto che Simon Cowell stesse pianificando il loro futuro, non ultimo perché gli 1D potevano coprire un vuoto nel mercato. "È ovvio che serva un'altra boyband", disse. "C'è sempre spazio per nuove boyband, e gli One Direction sono quella perfetta. C'è tutta una nuova generazione che andrà pazza per loro. Sono una versione giovane dei Westlife o dei Take That".

A mano a mano che l'attesissima finale si avvicinava, piccoli e grandi drammi si susseguivano dietro le quinte. Cher, che sembrava aver preso il posto di Katie come personaggio melodrammatico del programma, scoppiò in lacrime durante una conferenza stampa quando venne a sapere di una campagna denigratoria contro di lei, ma sembrò recuperare prontamente il suo umore spensierato mentre si avviava alle prove per la finale. "Tutti continuano a dirmi che ho davvero un'aria felice questa settimana, e penso abbiano ragione", disse ai giornalisti che erano lì ad aspettarla. "Ho ritrovato tutto il mio entusiasmo.

Credo sia perché sento meno la pressione. So che non vincerò, perciò sono rilassata. Sono riuscita ad arrivare dove volevo, in finale, e sono molto, molto fiera di me. Penso che siano altri a meritare di vincere". Dichiarazioni diplomatiche, non c'è dubbio. Intanto gli One Direction erano stati scelti per fare coppia con Robbie Williams in finale – un segnale, nel caso servisse, di quanto venivano tenuti in considerazione.

Cher si era dimostrata lungimirante nel presentire la sua eliminazione, dato che fu la prima dei quattro finalisti a lasciare il programma durante le finali, promettendo, prima di uscire di scena, che ce l'avrebbe fatta da sola. Tutti gli occhi erano puntati ora sugli One Direction, che si produssero in un'interpretazione veramente notevole di "Your Song" di Elton John e duettarono con Robbie Williams sulle note di "She's The One". Simon tentò di smentire le illazioni secondo cui gli 1D avevano già firmato un contratto con la sua etichetta discografica, dicendo che dovevano ancora vincere *X Factor* per poter andare avanti, ma era chiaro che la band era destinata a grandi cose.

In effetti Simon fu il primo a contraddirsi quando venne infine il momento decisivo. Durante la puntata finale di *X Factor*, nonostante un'appassionante interpretazione di "Torn" di Natalie Imbruglia e un giudizio di Simon secondo cui "meritavano di vincere", gli One Direction furono i primi dei tre finalisti rimasti in gara a essere eliminati, con la vittoria che andò a Matt Cardle. "Mi dispiace da morire per loro. Ma è solo l'inizio per questi ragazzi", disse Cowell, apparentemente dimenticando le parole

pronunciate appena qualche giorno prima. I ragazzi stessi superarono la delusione pensando al comune futuro che li attendeva. "Rimarremo insieme di sicuro", disse Zayn. "Questa non è la fine".
No, non lo era di certo. Tanto per cominciare, Harry vinse qualcosa: arrivò primo in un sondaggio di Brylcreem sulla "star con i più bei capelli". Si scoprì poi che gli One Direction si erano piazzati terzi tra le nuove star più chiacchierate dell'anno in una ricerca condotta dall'agenzia di comunicazione PHD, che monitora quanto viene menzionata in rete ogni celebrità (Cher arrivò prima, seguita da Matt).
Syco, la società di management di Simon Cowell, non perse tempo a mettere sotto contratto i ragazzi per 1.200.000 sterline. La band fu convocata nel suo ufficio. "Ho preso una decisione", disse loro con aria grave.
Zayn ricostruì così la storia. "Ci fu una lunga pausa piena di tensione" disse, "alla fine della quale Simon annunciò che ci avrebbe fatto un contratto. Harry scoppiò a piangere mentre io e gli altri scuotevamo la testa increduli". "Era quello che volevamo sentire più di qualsiasi altra cosa al mondo", disse Harry.
E così, nello spazio di appena pochi mesi, le loro vite erano state completamente trasformate. Passando da perfetti sconosciuti a personaggi famosi, gli One Direction avevano raggiunto il successo più in fretta di chiunque altro avesse avuto a che fare con questo tipo di reality show, tranne forse Susan Boyle. Come lei, anche gli 1D non avevano vinto immediatamente, ma era la loro carriera, non quella degli altri, che avrebbe veramente preso

il volo e, proprio come Susan, non avrebbero avuto bisogno di molto tempo per assurgere alla notorietà. I ragazzi erano diventati delle star, sia individualmente che come gruppo. Ben presto avrebbero avuto il mondo ai loro piedi. Ci sarebbe stato un bel po' di lavoro da fare, prove su prove, e la loro vita sarebbe stata continuamente sotto gli occhi di tutti, ma i ragazzi sapevano che ne valeva la pena. Avevano avuto un'opportunità che la maggior parte della gente non può nemmeno sognare, e non l'avrebbero buttata via proprio adesso.

Era una prospettiva esaltante per chiunque e qualcosa a cui non potevano assolutamente essere preparati, per quanto ottimisti fossero stati. Da allora in poi i ragazzi avrebbero dovuto imparare ancora più in fretta a tenere il passo di tutte le cose che stavano succedendo nella loro vita, e questo valeva per Harry più che per chiunque altro. Ancora sedicenne e cresciuto in un tipico ambiente di provincia come quello del Cheshire, Harry stava per fare, nel giro di pochi mesi, il grande salto da studente delle superiori a superstar internazionale. Chi era, dunque, Harry Styles? E com'era stata la sua vita fino ad allora?

4

È nata una stella

Era il primo febbraio del 1994, e nel ridente villaggio di Holmes Chapel, nella contea del Cheshire, Anne Cox e Des Styles impazzivano dalla gioia. Anne aveva appena dato alla luce il loro secondo figlio, Harry Edward Styles, di due anni più piccolo della sorellina Gemma. Adesso la famiglia appariva al completo e conduceva felicemente uno stile di vita da classe media, del tutto ignara che un giorno il bambino appena nato sarebbe stato una superstar, nonché uno dei più grandi rubacuori del pianeta. Harry divenne ben presto un bimbo davvero carino: le foto di quel periodo mostrano un frugoletto pieno di vita e di energia, con un sorrisino furbo e due occhioni chiari. Non c'era ancora alcun segno dei suoi mitici capelli: il piccolo Harry sfoggiava un bel taglio a caschetto castano chiaro, invece della famosa zazzera che un giorno lo avrebbe reso inconfondibile.
Aveva anche una caratteristica piuttosto inusuale: era nato con quattro capezzoli: due di grandezza normale e altri due, più piccoli, un po' più in basso sul torace. Per il resto, sotto qualsiasi altro punto di vista, procedeva tutto come ci si poteva aspettare: Harry cresceva in fretta,

andava d'accordo con Gemma, aveva i suoi giocattoli preferiti, tra cui un orsacchiotto, e per mamma e papà era la luce degli occhi.
Sullo sfondo della sua vita di quegli anni, però, non tutto filava per il verso giusto. Anne e Des erano sempre più distanti l'uno dall'altra e vari segnali lasciavano presagire che il matrimonio non sarebbe durato. Harry, purtroppo, sarebbe diventato il figlio di genitori divorziati.
Ad ogni modo la sua prima infanzia era trascorsa accanto a entrambi. All'inizio la vita a casa era come tante altre: Des lavorava come direttore commerciale mentre Anne era impiegata in un ufficio, e i bambini vennero su in un confortevole ambiente della middle class inglese. Secondo quanto racconta suo padre, la cosa per cui impazziva Harry da piccolo erano i barattoli di mandarini a spicchi, e crescendo divenne un cuoco provetto, per non parlare del suo appetito robusto.
La prima scuola di Harry si chiamava Happy Days, nome perfetto per uno dal carattere solare come il suo, e Harry conserva ancora tanti ricordi felici di quel posto. Intanto cominciava già a mostrare i primi segni di quel considerevole fascino che lo avrebbe portato così lontano. "Mi trovavo bene con la maestra dell'asilo", confessò una volta, "perché era anche la mia babysitter, perciò mi ricordo che potevo giocare per primo con tutti i giocattoli più belli". In realtà Harry era un bambino talmente dolce che non c'è da stupirsi se i suoi maestri avevano un debole per lui. Andava molto d'accordo anche con i compagni, ed era facile per lui farsi degli amici. Come si può immaginare, Harry legava senza problemi anche le ragazzine – non era

uno di quei bambini a cui interessa giocare solo con gli altri maschietti.
Già allora, certi indizi lasciavano presagire quello che sarebbe diventato, dato che il piccolo dimostrò presto uno spiccato senso musicale. Adorava Elvis Presley, che gli aveva fatto conoscere suo padre, e ancora adesso racconta di quando metteva e rimetteva i dischi di Elvis, confessando che la sua canzone preferita era "The Girl Of My Best Friend". Tutto questo acquistò ancora maggior importanza quando il papà, il nonno e il cugino si misero insieme per comprargli un impianto di karaoke, dandogli piena libertà di sfogarsi per tutta la casa. A Harry piacevano un sacco anche i Beatles – un giorno l'isteria collettiva sorta intorno agli One Direction sarebbe stata paragonata alla Beatlemania – e la sua famiglia non smetteva di incoraggiarlo a cantare. Quell'impianto di karaoke gli permise di simulare le prime prove in studio: anche se Harry si stava solo divertendo, senza poter certo immaginare che quell'hobby si sarebbe trasformato negli anni in una professione, stava comunque migliorando in tutto quello che faceva. Non solo sviluppava la sua voce di cantante, ma stava anche imparando a esibirsi, cosa che gli avrebbe dato in futuro un notevole vantaggio sugli altri. Inoltre iniziavano a emergere altri aspetti del suo temperamento musicale, come ad esempio il suo talento, così poco conosciuto, nel suonare il kazoo.
Fin da quando era piccolo, risultò chiaro a tutti che Harry aveva un certo occhio per le ragazze. Anche se aspettò fino ai dodici anni, un'età relativamente matura, per avere una fidanzatina, a sei divenne grande amico di una sua

coetanea di nome Phoebe Fox, figlia di una delle più care amiche di sua madre. "Le comprai un orsetto uguale identico al mio", raccontò Harry al Sun. "Era carina da morire". Anche lui era un bambino carino da morire, un bambino che coltivava l'amicizia con le ragazzine ed era l'attrazione della scuola. Con quel fascino naturale, non c'è quindi da meravigliarsi se nella sua vita tantissime ragazze – e donne – gli sarebbero corse dietro.
Era anche un grande amante degli animali, e il suo primo animale domestico fu un cane di nome Max (più tardi arrivò un criceto a cui venne dato l'originale nome di Hamster, che in inglese significa "criceto" appunto). Harry continuò a trascorrere un'infanzia alquanto normale, sviluppando altre abilità come la giocoleria e il cucito e frequentando la scuola con profitto. Nel complesso la sua vita era decisamente serena – fino a che non si verificò la catastrofe.
Quando Harry aveva sette anni, Anne e Des annunciarono di aver avviato le procedure per il divorzio. "Quello fu un periodo davvero strano", raccontò in seguito in un'intervista al Sun. "Ricordo di aver pianto parecchio. Non è che capissi bene quello che stava succedendo; ero solo triste al pensiero che i miei genitori non sarebbero più stati insieme". In realtà, Harry era devastato. Lui e Gemma erano ancora piccoli – Gemma aveva appena nove anni – ed entrambi erano molto legati ai loro genitori. Fino ad allora sembrava che la famiglia fosse relativamente felice, nella misura in cui poteva esserlo – perché, dunque, quel terremoto? Perché doveva aprirsi quella faglia all'interno del nucleo familiare?

Fu un'esperienza sconvolgente per tutti, e anche se i bambini rimasero vicini a entrambi i genitori, la vita così come era stata fino ad allora stava per cambiare definitivamente, e niente sarebbe stato più come prima. Il divorzio ferisce i bambini, e anche se potrebbe essere eccessivo suggerire che l'attrazione di Harry per le donne più mature deriva dalla separazione dei genitori e dal bisogno, in un certo senso, di trovare una donna che gli faccia da madre, è possibile che le due cose siano correlate. In ogni modo il divorzio spezzò l'illusione che loro fossero la classica famigliola felice, e Harry ne fu stravolto.

In seguito Des confessò che la vicenda continua ancora a ossessionarlo. "Harry aveva appena sette anni quando ho chiesto ai miei figli di mettersi a sedere e gli ho spiegato che me ne stavo andando", disse al Daily Record. "Erano in lacrime. Stavamo seduti tutti e quattro in soggiorno. Gemma e Harry accovacciati sul pavimento, proprio di fronte a noi, Anne e io sul divano, e tutti e due piangevano. In genere non era un bambino che ti capitava di veder piangere molto come fanno alcuni bambini della sua età – non era uno che si commuoveva facilmente, insomma, non un piagnone – ma in quel momento Harry era in lacrime. Quella volta che ci siamo messi tutti a sedere e abbiamo detto ai nostri figli che non saremmo più rimasti insieme, fu probabilmente il giorno peggiore della mia vita".

Non fu un giorno fausto nemmeno per Harry e per Gemma. I due bambini erano così provati dalla separazione dei genitori che Anne e Des tentarono di salvare la loro relazione, ma, alla fine, Des se ne andò di casa.

In quell'intervista, tuttavia, ci tenne molto a ribadire che lui era rimasto sempre un padre responsabile, e che si era costantemente tenuto in contatto con i figli, vedendoli con regolarità e provvedendo al loro mantenimento. Era solo che non riusciva più a stare insieme a sua moglie. Per Anne era lo stesso, e il loro divorzio fu una decisione consensuale. Molto semplicemente, il matrimonio non poteva più andare avanti.

"Non è che io me ne sono andato e basta, è stata una decisione condivisa", raccontò Des al Daily Record in un'intervista rilasciata sull'onda della notorietà internazionale raggiunta dal figlio. "Le cose non andavano bene da un po', e quella fu la cosa migliore da fare per uscire da quella situazione. All'epoca eravamo tutti distrutti, ma i bambini hanno delle grandi capacità di resistenza e di recupero. Naturalmente, Harry e Gemma mi mancavano molto, com'è normale che sia se non sei una sorta di mostro. Fu piuttosto dura. Quando Harry era appena nato, ero abituato a dargli da mangiare tutte le sere alle dieci e mezza, poi gli cambiavo il pannolino e lo mettevo a letto, ed ecco che di colpo non vivevo più con loro. Vedevo Harry e sua sorella ogni due settimane, li ho sempre sostenuti economicamente e, quando ho potuto, emotivamente. Non sono un padre che si disinteressa dei figli. Ho passato un brutto periodo quando ho dovuto rinunciare a loro, ma son cose che capitano purtroppo nella vita".

Di sicuro fu un periodo di grandi cambiamenti. La famiglia lasciò Holmes Chapel per trasferirsi nella campagna del Cheshire, il che non fece altro che accrescere in Harry la sensazione che tutto stava cambiando, e non per il meglio.

Anche il fatto di essere stato attaccato da una capra alla tenera età di dieci anni non deve certo aver aiutato – tanto che ancora adesso diventa nervoso quando ne vede una – e la famiglia attraversò un paio di anni difficili fino a che la pressione cominciò ad allentarsi e loro tre riuscirono di nuovo a essere felici. Uno dei lati positivi di quella situazione fu che la relazione di Harry con la madre si rafforzò più che mai. Divenuta probabilmente la più nota delle mamme degli One Direction, se non altro perché molto attiva su twitter, Anne fu sempre pronta a incoraggiare suo figlio, proteggendolo per quanto fosse possibile dalle ampie conseguenze del divorzio ed aiutandolo a diventare un uomo. Assecondò sempre le sue ambizioni, gli insegnò ad avere fiducia in se stesso e si impegnò affinché Harry non rimanesse troppo traumatizzato da quanto era accaduto. Lei e Harry svilupparono una relazione molto stretta, con Harry che dava a sua volta sostegno emotivo a sua madre appena lei ne aveva bisogno.

Quando Harry aveva dodici anni, la sua vita cambiò di nuovo, e stavolta per il meglio. Tanto per cominciare, fecero ritorno a Holmes Chapel, con grande sollievo di tutta la famiglia. Poi Anne conobbe Robin Twist, l'uomo che avrebbe sposato e che divenne il patrigno di Harry. Fin dall'inizio Harry si trovò benissimo con Robin e fu molto contento quando ci fu il matrimonio. Nonostante la giovane età, Harry si fece anche una sorta di fidanzata, una ragazzina di nome Emilie, a cui seguì una certa Abi, e così, a undici anni Harry diede il primo bacio.

Frequentava la scuola pubblica di Holmes Chapel, una scuola media e superiore con un ampio bacino di utenza

che comprendeva anche una zona agiata del Cheshire. Harry era uno studente molto popolare, per quanto un po' turbolento: aveva la stravagante abitudine di abbassarsi i pantaloni e mostrare il sedere, a volte con indosso un tanga, a volte senza niente, il che gli diede quel gusto di andarsene in giro mezzo nudo che ancora oggi non lo ha abbandonato. A mano a mano che la vita familiare si faceva più stabile, l'infelicità causata dal divorzio dei genitori passò in secondo piano, dandogli il tempo di ricostruirsi la sua vita. Harry era anche un giocatore di calcio piuttosto dotato: faceva il portiere in una squadra locale, con la mamma come prima tifosa, che anche quando c'era freddo o tirava vento si presentava ogni domenica a bordocampo per sostenerlo.
Harry era particolarmente popolare tra le ragazze della sua scuola, una qualità che in seguito attribuì al fatto di essersi sentito sempre a suo agio tra le donne. "Ho ancora un sacco di amiche dai tempi della scuola. Sono cresciuto con mia mamma Anne e con mia sorella Gemma, perciò forse è da lì che deriva. Mi viene tutto molto naturale e non mi sono mai sentito impacciato in mezzo alle donne", confermò poi Harry al Sun. Le foto al ballo scolastico di fine anno lo mostrano beato mentre si mette in posa con una lunga serie di coetanee, estremamente a suo agio in mezzo a loro. Perciò forse non c'è da meravigliarsi se Harry ha finito per diventare il membro più popolare degli 1D.
Il ragazzo poteva anche essere piuttosto indisciplinato e insolente. Uno dei suoi migliori amici, Will Sweeney, raccontò in seguito al Sun che andavano insieme ogni

tanto a far casino al supermercato Tesco del paese: "Ci comportavamo davanti a tutti come dei perfetti idioti", disse. "Harry entrava nel supermercato, fingeva di avere la sindrome di Tourette e andava in giro urlando e schiamazzando a più non posso. Ci tiravamo addosso le cose, facevamo confusione e mettevamo tutto sottosopra. Venivamo puntualmente rimproverati dagli agenti della sicurezza e dai clienti del supermercato. Facevamo quel gioco in cui prendi la prima cosa che ti capita a tiro e te la lanci dietro la testa senza sapere dov'è l'altro – e lui deve cercare di prenderla al volo. Poteva essere qualsiasi cosa – pane, barattoli di salsa – e Harry lanciava la roba da ogni parte. Una volta che eravamo in un supermercato Waitrose, Harry e io fummo sgridati perché urlavamo 'Caccole!' a squarciagola. Ognuno cercava di gridare 'Caccole!' più forte dell'altro; urlavamo così forte che la faccia ci diventava blu. A Harry piaceva un sacco. Se c'era da scherzare e divertirsi, se c'era da fare qualche pazzia, lui era sempre pronto, e non gliene fregava niente di quello che pensava la gente".

Harry, tuttavia, sapeva anche essere un figlio premuroso. "È un tipo davvero romantico", disse una volta sua madre a Teen Now. "Se mi capitava di avere una brutta giornata al lavoro, tornavo a casa e scoprivo che mi aveva preparato un bel bagno caldo e aveva circondato la vasca di candele, e mi cucinava perfino la cena. Mi accompagnava gentilmente fuori dalla cucina e mi diceva che aveva la situazione sotto controllo". Oltre a essere pieno di attenzioni nei confronti di sua madre, Harry è diventato, nel tempo, un cuoco provetto, e cucinare è uno dei suoi hobby preferiti insieme al badminton, a cui gioca nel tempo libero. Da lontano, intanto, Des teneva d'occhio il figlio che cresceva, ottemperando a tutti quei doveri che tradizionalmente spettano ai padri. "Non c'è mai stato bisogno di farlo sedere e di raccontargli di bambini nati sotto il cavolo o portati dalla cicogna. Ho sempre provato a spiegargli le cose a mano a mano che diventava grande", raccontò poi Des al Daily Record. "Facevamo delle lunghe conversazioni ed era quasi come se mi dicesse 'Ok, papà, su questo ti seguo', invece di andare nel panico e darmi risposte tipo 'Oh, papà, non voglio che mi parli di queste cose', come fanno alcuni ragazzini".

Harry ebbe la sua prima storia seria a quindici anni. La fortunata si chiamava Felicity Skinner, e divenne oggetto di curiosità e invidia quando il suo fidanzato raggiunse la fama internazionale. Felicity, una biondina carina e vivace, si trovò persino a essere seguita su twitter da alcune fan degli One Direction, anche se non vedeva Harry da anni. "È stato un meraviglioso fidanzato, molto romantico e, sì, anche molto timido", Felicity ha poi raccontato a People. "Era bello e ovviamente io lo trovavo così attraente. Siamo stati insieme per poco meno di un anno. Ci aveva presentati una mia amica di nome Liv, che abita nel paese da cui viene Harry. La nostra era una relazione a distanza, ma ci siamo divertiti un mondo. La scintilla è scoccata subito e poi siamo sempre stati bene insieme. Ha un sorriso davvero irresistibile. Abbiamo cominciato a vederci quando avevamo tutti e due più o meno quindici anni. Lui era dolcissimo. Era la tipica cotta adolescenziale, lui è stato il mio primo amore e io il suo".

La storia non durò, tuttavia. A parte il problema della distanza, erano entrambi tremendamente giovani, con tutta una vita davanti. Non di meno, il fatto che sia comunque durata così a lungo dava prova di una certa maturità emotiva da parte di Harry, che si è di nuovo rivelata, come si sa nella sua predilezione per le donne più grandi di lui. E, quasi fosse un segno premonitore, Harry amava cantare per Felicity, la quale forse avrà forse avuto sentore di quello che Harry voleva dalla vita.

"Ci siamo lasciati senza una vera ragione", ha ricordato in seguito Felicity. "A poco a poco ci siamo allontanati. Non penso che la distanza abbia aiutato la relazione, ed eravamo molto giovani. È stato triste quando ci siamo lasciati, ma adesso sono felice. Quando Harry è diventato famoso, mi è subito sembrata una cosa strana, perché lo conoscevo da prima che tutto questo succedesse, ed eravamo stati insieme. Ma adesso davvero non ci penso più. È buffo quando lo sento alla radio, specie quando mettono una canzone degli One Direction. Adesso mi ci sono abituata, e sono veramente orgogliosa di lui. Mi sento sempre dire che sono stata fortunata a uscire con lui, ma penso che il fortunato sia stato lui. Ci siamo tenuti in contatto fino a una settimana prima della fase nelle Case dei giudici. Poi non ci siamo più sentiti".

Nel frattempo Harry si era imbarcato in un'attività extrascolastica che lo avrebbe portato molto lontano. Gli One Direction non furono la sua prima band. Harry debuttò come cantante dei White Eskimo, un gruppo in cui il suo amico Will suona ancora; quando erano al secondo anno delle superiori, si iscrissero a una gara che si chiamava

Battle of the Bands, e vinsero. Cominciarono a esibirsi nei locali della zona, e su YouTube esistono ancora dei filmati di lui e gli altri che muovono i primi passi come gruppo. Sebbene fosse ancora un dilettante, non di meno Harry aveva qualcosa in più degli altri, e quell'esperienza si sarebbe rivelata estremamente preziosa quando venne il momento di cantare davanti a una platea più grande. Malgrado la paura da palcoscenico che lo prese durante le puntate di *X Factor*, Harry era abituato a cantare in pubblico da quando aveva quindici anni.

In quel periodo, tuttavia, non sembrava ci fossero per lui prospettive concrete di intraprendere una carriera nel mondo dello spettacolo. La scuola occupava gran parte delle sue giornate e Harry, come tanti altri, prese un lavoretto part time in una panetteria, la W. Mandeville Bakery di Holmes Chapel. Qui finì ben presto per diventare popolare come lo era ovunque, tanto da essere uno dei commessi più apprezzati del negozio. E, come tante altre volte, Harry divenne particolarmente noto presso le ragazze.

"Era il commesso più cortese che avessimo mai avuto, tutte le clienti si erano prese una cotta per lui", raccontò in seguito Simon Wakefield, suo ex datore di lavoro, in un'intervista a Heat magazine. "Nel negozio ci fu un improvviso afflusso di ragazze quando Harry cominciò a lavorare da noi: a volte ne spuntavano dieci o dodici alla volta. Ancora adesso entra ogni tanto un gruppetto di fan e si mette a far foto al negozio. Harry aveva un modo di fare rilassato, che alle ragazze piaceva moltissimo. Ha quella voce un po' roca che fa impazzire le donne, e un incredibile fascino".

Ma Harry non era lì solo per esercitare il suo charme sul gentil sesso; diede anche prova di un'etica del lavoro che è fondamentale se vuoi sfondare nel mondo dello spettacolo. Può sembrare che non ci sia molto in comune tra lavorare part time in una panetteria ed essere una popstar, ma Harry affrontò le due cose nello stesso modo. Non era certo uno scansafatiche, anzi, era sempre pronto a dedicare quello che faceva ore e ore di lavoro, e ben presto divenne un elemento indispensabile per il negozio.
"Era uno che lavorava sodo", rivelò Simon Wakefield. "I suoi compiti erano servire al banco, tenere pulito il bancone e il retro del negozio, lustrare i pavimenti e lavare le teglie da forno. Passare il moccio sul pavimento era la cosa peggiore che doveva fare, ma non l'ho mai sentito lamentarsi. Gli piace anche mangiare, e prendeva sempre quegli sformati che prepariamo per il brunch, fatti con bacon, salsiccia, formaggio e piselli. Ogni mattina si preparava una bella tazza di tè e si mangiava uno di quei grossi sformati. Poi finiva di fare colazione con una fetta di torta alla vaniglia o con un tortino al cioccolato e caramello. Quando non c'erano clienti in negozio era uno spasso, perché si metteva di colpo a cantare davanti a noi. Perciò noi l'abbiamo sempre saputo che lui era capace di cantare, c'eravamo abituati. Non faceva niente per nasconderlo, anzi, era lì sotto gli occhi di tutti".
Cantare era diventato il filo conduttore delle sue giornate. Dovunque andasse, Harry si metteva a cantare. Che fosse con la sua fidanzata o al lavoro, o nelle ore libere che passava con la band, la musica stava diventando una parte fondamentale della sua vita. E oltre alla bella voce,

possedeva anche quel qualcosa che caratterizza una star: il carisma. Quando saliva sul palco, anche in quei primi tempi con i White Eskimo, diventava il fulcro dell'attenzione generale. Tutti gli occhi erano puntati su di lui, ragion per cui, già allora era possibile prevedere il suo futuro successo.

E quel successo si avvicinava a grandi passi, anche se all'epoca Harry abitava ancora con i suoi. Dopo che Gemma se n'era andata per frequentare l'università, Harry e sua madre si avvicinarono sempre di più. "Eravamo solo noi due", avrebbe raccontato Anne a Teen Now. "Ho passato un brutto periodo quando sua sorella è partita a frequentare l'università – era come se avessi la sindrome del nido vuoto. Per un anno rimasi sola a casa con Harry, per cui diventammo ancora più uniti". Robin era sempre nei paraggi, naturalmente, ma era un momento di transizione in cui i figli stavano crescendo e si preparavano a lasciare casa.

Nel caso di Harry, non era del tutto chiaro quello che gli avrebbe riservato il futuro. A sedici anni fece gli esami del GCSE, il primo titolo di studio che si prende alle superiori, e per quanto avesse ormai capito che voleva fare carriera nel mondo della musica, restava coi piedi per terra, sapendo bene che quel mondo non dà mai nessuna certezza. Poteva essere una buona idea, allora, avere qualcosa su cui ripiegare se fosse andata male, e così in vista degli esami del GCSE Harry cominciò a mettercela tutta per prendere il massimo dei voti in giurisprudenza, sociologia ed economia. Il destino, tuttavia, intervenne prima che lui ne avesse la possibilità.

Altri fattori nel frattempo stavano entrando in gioco. Harry diventava sempre più insofferente di quella vita, e quando descriveva Holmes Chapel come un posto "piuttosto pittoresco ma anche alquanto noioso", appariva chiaro che era in cerca di orizzonti più vasti. Le zone rurali del Cheshire sono estremamente suggestive, ma non è certo quello il contesto più adatto per un ragazzo che vuole spiegare le ali e diventare una pop star. Se Harry voleva davvero lasciare il suo segno nel mondo, doveva assolutamente andar via da lì.

Fu più o meno in quel periodo che decise di tentare la fortuna e presentarsi ai provini di *X Factor*, ma anche quella non fu una decisione semplice. Dopo tutto Harry era in una band, e se voleva provarci da solo, doveva lasciare i White Eskimo, almeno temporaneamente. Così fece, e anche se il gruppo non si sciolse, venne messo in qualche modo in secondo piano quando Harry decise di muovere i primi, incerti passi verso la sua nuova carriera.

Tutti lo sostennero nella sua scelta. Anne aveva sempre incoraggiato il figlio in tutto quello che faceva, ma quello era un grande passo: un tentativo di entrare nel mondo dello spettacolo. Harry era un ragazzo molto attraente e pieno di talento, ma anche così, che cosa sarebbe successo se non fosse andata bene? La delusione non sarebbe stata troppo grande per lui? Come avrebbe reagito a quello stress?

In quell'occasione, peraltro, Harry rischiò effettivamente di subire uno scacco, ma a salvarlo fu la decisione dell'ultimo minuto di prendere cinque cantanti solisti e trasformarli negli One Direction. Dopo aver sofferto di

una terribile paura da palcoscenico, Harry scoprì anche quanto poteva essere difficile saper gestire il proprio stress. Quello che gli stava per capitare andava oltre i suoi sogni più rosei. Nemmeno quando lui e gli altri vennero a sapere che erano stati riuniti in un gruppo, nemmeno quando Simon Cowell annunciò loro che li avrebbe messi sotto contratto con la sua etichetta discografica, neppure in quei momenti i ragazzi avrebbero potuto avere la più pallida idea di quello stava veramente per accadere.
Gli One Direction sono stati paragonati ai Beatles, paragone che Harry, con grande buon senso, definì "sciocco", ma sotto un preciso aspetto c'è davvero una somiglianza, e sta nella quantità di attenzione che avrebbero richiamato. Perché quei ragazzi – tutti e cinque – avrebbero sfondato in America e sarebbero diventati un vero e proprio fenomeno di massa, conquistando una notorietà internazionale e trasformandosi quasi da un giorno all'altro in stelle di prima grandezza del firmamento musicale. Nessuno si è goduto questa avventura quanto Harry, così come nessuno si è goduto più di lui i vantaggi di tutto quel successo, non ultimo un'intensa vita amorosa. A Harry erano sempre piaciute le donne, e non aveva mai avuto difficoltà a conquistarle, ma la sua vita di un tempo non poteva essere paragonata neppur lontanamente a quella che lo aspettava adesso.

5

Cinque ragazzi all'attacco

E così il dado era tratto. Era stata una buona edizione di *X Factor* per Simon Cowell: oltre ad aver messo sotto contratto il vincitore Matt Cardle per la propria etichetta discografica, la Syco, Cowell aveva proposto dei contratti anche a Rebecca Ferguson, a Cher Lloyd e, naturalmente, agli One Direction. I ragazzi si erano già conquistati moltissima attenzione con la loro partecipazione a *X Factor*; toccava ora trasformarli in vere e proprie popstar.

C'erano anche in ballo parecchi soldi. Anche se, stando a quanto riportato, ognuno dei ragazzi era stato pagato appena 8000 sterline, l'affare, nel suo complesso, ne valeva circa 2 milioni. Perfino per un uomo straordinariamente ricco come Simon Cowell era un notevole investimento, ma lo spronava la chiara intenzione di battere il ferro finché era caldo. Per quanto gli 1D fossero arrivati solo terzi a *X Factor*, avevano fatto la parte del leone per l'attenzione mediatica che avevano ottenuto, e tutti volevano passare all'incasso prima che il loro freschissimo seguito di fan si scordasse di loro. Non che ci fosse veramente quel rischio, a ben vedere. Tutto il mondo dello spettacolo era abbastanza concorde sul fatto che gli One Direction erano destinati a diventare star di prima grandezza, con davanti a loro un futuro maestoso. Bastava solo pianificare con cura i dettagli.

I ragazzi volarono negli Stati Uniti per incontrare produttori e autori di canzoni – avrebbero lavorato con uno come RedOne, oltre che con Carl Falk, Savan Kotecha, Steve Mac e Rami Yacoub. All'atto pratico non sarebbe uscito niente fino all'autunno, ma tutto questo servì a far crescere l'attesa. Nel frattempo uscì un libro che ricostruiva le vite dei cinque ragazzi fino a quel momento, intitolato *One Direction – Forever Young*, che andò dritto in testa alla classifica del Sunday Times dei libri più venduti. Gli One Direction furono anche citati nello sketch di una famosa coppia di comici televisivi inglesi come Ant & Dec ("Mi è piaciuto da matti fare l'adolescente", diceva Ant a Dec. "Mi sembrava quasi di essere uno degli 1D!"), il che, considerando che i ragazzi dovevano ancora incidere il loro primo singolo e che non avevano nemmeno iniziato il tour di *X Factor*, dava abbastanza l'idea di quanta strada avevano già percorso, e di quanto l'avessero percorsa in fretta. Al loro ritorno da Los Angeles vennero presi d'assalto da una folla di fan all'aeroporto di Heathrow, e ci furono voci che una grande fondazione benefica come Comic Relief aveva preso contatti con loro per proporgli di registrare il singolo che doveva servire, come ogni anno, alla raccolta fondi. Quell'anno l'onore andò però ai The Wanted, e molti dissero che era stato Simon Cowell a fermare tutto, preoccupato che quella potesse rivelarsi una mossa sbagliata per gli One Direction.

Vi furono chiari segni di quello che sarebbe presto accaduto agli 1D nel febbraio del 2011, quando il tour di *X Factor*, che prevedeva cinquantuno tappe, prese il via da Birmingham. Matt, Rebecca, Cher e Wagner ricevettero tutti un'accoglienza entusiastica, così come Aiden Grimshaw, Paije Richardson, Katie Waissel e Mary Byrne, ma quel fervore non fu nulla paragonato alle urla che accompagnarono l'entrata in scena degli One Direction. I ragazzi erano indiscutibilmente le star dello show e misero in ombra tutti gli altri cantanti. Matt poteva anche aver vinto *X Factor*, ma non poteva competere con Harry, Niall, Liam, Zayn e Louis, che diedero tutti l'impressione di essere perfettamente a loro agio con la fama appena conquistata. Ogni residuo dubbio sulle qualità da popstar dei cinque svanì immediatamente nel momento in cui iniziò il tour e divenne chiaro a tutti che erano loro la vera attrazione. Simon Cowell si era già reso conto che potevano essere un grande successo commerciale, ma nemmeno lui si era aspettato una reazione del genere.
Quello poteva essere il *loro* tour, e anche i critici musicali erano di quel parere. "La principale attrazione per un pubblico in gran parte composto da ragazzine sono stati gli One Direction, la boyband seguita da Simon Cowell", scrisse Michael Hogan sul Daily Telegraph. "Grida isteriche sottolineavano ogni loro mossa. La folla è andata in iperventilazione quando i ragazzi sono passati di corsa in mezzo agli spettatori. Non appena Harry Styles, il rubacuori con il viso da cherubino, ha cominciato a ballare davanti alla platea, le urla sono salite alle stelle. I proprietari delle bancarelle con il merchandising dei cantanti

conoscevano bene il loro pubblico – a giudicare dalle cose che vendevano, si sarebbe potuto pensare che quello era un concerto degli One Direction". Sì, esattamente questo veniva da pensare.
"Il tour 2011 di *X Factor* ha preso il via ieri sera in grande stile, quando i nove migliori finalisti della scorsa edizione hanno tenuto il loro primo concerto a Birmigham, in una National Indoor Arena strapiena di gente. Matt Cardle ha mostrato a tutti perché ha vinto *X Factor* proponendo alcune interpretazioni da brividi dei pezzi che aveva cantato durante le puntate del programma, ma le urla più forti della serata sono state per un certo gruppo di cinque ragazzi..." scrisse il sito TellyMix. "Gli One Direction hanno di sicuro rubato la scena agli altri cantanti, presentando una selezione delle loro più famose interpretazioni a *X Factor*, insieme a un brano speciale per i loro fan – la cover di 'Forever Young' di Bob Dylan. È stata la prima volta che il gruppo ha interpretato dal vivo, dopo essere arrivato terzo nell'ultima edizione di *X Factor*, il singolo che i ragazzi avevano in programma di cantare se avessero vinto". E quello era anche il singolo che avrebbero inciso in caso di vittoria.
In totale gli One Direction fecero cinque canzoni: "Only Girl", "Chasing Cars", "Kids In America", "My Life Would Suck Without You" e "Forever Young" – a parte loro, gli unici a cui vennero concesse cinque canzoni furono Matt e Rebecca – ma lo stesso pubblico sembrava sempre sul punto di spazientirsi quando sul palco c'era chiunque altro che non fossero loro cinque.
Dai primi articoli sulla vita sentimentale dei cinque

ragazzi – dei tanti che ci sarebbero stati nei mesi a venire – emerse che la ventiquattrenne Rebecca Ferguson e il diciottenne Zayn Malik si erano messi insieme, anche se la storia non durò a lungo (e non suscitò nemmeno una minima parte dell'indignazione che provocò invece la relazione di Harry con Caroline Flack). Nel frattempo l'isteria collettiva che circondava i ragazzi continuava a crescere: durante i concerti il boato del pubblico quando gli One Direction comparivano sul palco era così assordante che a volte era quasi difficile sentirli cantare. Dietro le quinte, intanto, si continuavano a fare piani per il loro album d'esordio, e in aprile, quando finì il tour, quei piani vennero messi in atto. Gli 1D si imbarcarono per Stoccolma e poi per Los Angeles prima di ritornare in Inghilterra, tutti presi a portare a termine il loro album.

I fan, chiaramente, non vedevano l'ora che uscisse: il loro primo brano, "What Makes You Beautiful", fu il singolo della Sony con il più alto numero di prenotazioni della storia – il che la dice lunga, dato che tra gli artisti che avevano pubblicato dischi per la Sony c'erano Michael Jackson, Beyoncé e Christina Aguilera – mentre il braccio destro di Simon Cowell, Sonny Takhar, si spinse a pronosticare che l'album d'esordio degli One Direction, *Up All Night*, sarebbe stato uno dei migliori dischi pop della Sony.

I ragazzi non rimasero certo a corto di avventure via via che si abituavano alla loro nuova vita. Mentre erano a Los Angeles per girare il video che doveva accompagnare l'uscita del loro singolo, Louis Tomlinson venne fermato dalla polizia perché stava guidando in modo spericolato.

"La polizia mi ha fatto accostare", disse al Sun. "Pensavano che fossi in stato confusionale. L'agente mi fa: 'Senti, ragazzo, posso anche far chiudere tutto qui, se continui a guidare in questo modo. Stai guidando come un pazzo'. E io ero lì che gli facevo: 'Ehi, amico, metti giù quella pistola. Non sono in cerca di guai'."
Ma era Harry – naturalmente, bisognerebbe forse dire – il più spudorato dei cinque, quello che rimorchiava tutte le ragazze. Tanto per cominciare, si spogliò nudo nella cabina di prima classe dell'aereo sul volo per Los Angeles, poi, durante un giorno libero, fu visto al porto di Santa Monica che faceva festa con varie belle. "Sono adorabili", commentò. "Le abbiamo portate a un piccolo luna park sul molo per conoscerci un po', siamo andati sulle tazze rotanti". Circolarono anche voci secondo cui Harry aveva legato in modo particolare con Madison, una delle ragazze che comparivano nel loro video, il che non fece altro che alimentare la sua fama di dongiovanni. "Lui e Madison erano inseparabili", rivelò al Sun una delle persone che avevano lavorato alle riprese. "Stavano davvero benissimo insieme, e gli altri ragazzi non facevano altro che prenderli in giro. Alla fine Harry e Madison si sono scambiati i numeri di telefono e si sono messi d'accordo per rivedersi la prossima volta che Harry verrà a Los Angeles". Harry fu anche visto fare il bagno nudo, ma alla fine la passò liscia su tutti i fronti, anche grazie al suo notevole fascino.
Lui era uno che si prendeva tutto quello che trovava lungo la sua strada. "Sono un ragazzo di diciassette anni, e mi piacciono le ragazze", disse alla rivista We Love Pop, "ma

preferisco avere una fidanzata. Mi piace avere qualcuno da coccolare. Qualcuno da chiamare nel cuore della notte solo per parlarle. Mi piace arrivare ad avere un legame del genere con una persona".

Harry si stava ancora abituando al fatto che tutto, assolutamente tutto quello che faceva sollevava un polverone, dai vestiti che si metteva alle persone di cui voleva avere il numero di telefono. Parecchie cose aveva dovuto imparare a gestire in un lasso di tempo molto breve. La rivista The Magazine gli chiese se non si stava un po' stancando di essere famoso: "No, perché ne sento subito la mancanza nel momento stesso in cui torno a casa per un giorno", rispose con onestà. "C'è una grande pressione su di noi, dobbiamo essere un modello da seguire, e la gente è sempre pronta ad appiccicarti addosso un'etichetta, se appena gliene dai l'occasione". Fu una fortuna che Harry avesse un atteggiamento così maturo, perché la fama dei ragazzi continuava a crescere.

L'attesa e l'entusiasmo non facevano altro che aumentare in vista del lancio del nuovo singolo, un lancio che li avrebbe catapultati verso una fama ancora più grande di quella che avevano già sperimentato e, naturalmente, verso un interesse ancora maggiore da parte del pubblico e dei mezzi d'informazione.

Nell'estate del 2011 Zayn e Rebecca si lasciarono, spiegando che la pressione che sentivano sulla loro carriera aveva finito per dividerli. Proprio come sarebbe avvenuto in seguito per molte delle relazioni di Harry, Rebecca era stata al centro di una campagna denigratoria da parte delle directioner, ma lei e Zayn negarono risolutamente

che fosse il motivo della loro separazione. La verità era che i cinque erano così ricercati, ormai, che non potevano aprire la porta di casa senza scatenare un putiferio, a cui va aggiunto il fatto che erano girate voci, tutte seccamente smentite, secondo cui Zayn aveva subìto pressioni affinché *non* avesse una ragazza al momento dell'uscita del loro primo singolo. In seguito si venne a sapere che anche Louis aveva lasciato la ragazza con cui stava da due anni, Hannah Walker. Si disse di nuovo che era colpa della pressione a cui i ragazzi erano sottoposti. In passato Harry aveva già ammesso che loro cinque erano stati invitati a non avere una ragazza mentre erano nella casa di *X Factor*, ma adesso? Se non altro, davano tutti l'impressione di voler recuperare il tempo perduto.
Il motore della grande macchina promozionale stava salendo di giri a mano a mano che si avvicinava la data di uscita del singolo. I ragazzi rilasciarono la loro prima intervista televisiva ad Alan Carr, dopodiché cominciarono a visitare la sezione spettacoli delle varie testate nazionali. Cher Lloyd, un'altra delle finaliste di *X Factor*, aveva già riscosso molto successo con il singolo "Swagger Jagger", balzato in testa alle classifiche, e ci si aspettava altrettanto dagli One Direction. Non c'erano dubbi che il loro debutto avrebbe avuto un enorme successo, ma i ragazzi e i loro manager stavano cominciando a ragionare anche sul lungo termine – nessuno voleva che quella fosse una band da una canzone e via, ed erano stati fatti una serie di progetti per trasformare i cinque negli artisti di maggior successo che *X Factor* avesse mai prodotto.
Gli One Direction ricevettero elogi anche da altri perso-

naggi del mondo dello spettacolo, non ultimo da quelli che avevano contribuito a farli diventare ciò che erano: "Sono giovani come lo eravamo noi quando abbiamo cominciato, perciò mi fanno sentire vecchio. Ma per noi è un complimento se la gente dice che gli One Direction suonano come i primi McFly", commentò Harry Judd, il batterista dei McFly. "Magari avessimo avuto noi il loro nuovo singolo – è un pezzo fresco, forte".

Tom Fletcher, il cantante del gruppo, aggiunse: "Sono dei tipi veramente simpatici e hanno tutto quello che serve per sfondare. Hanno inciso una canzone che ho scritto per loro – spero solo che la usino".

Si assistette a nuove scene di isteria collettiva quando uscì il video del singolo, al punto che fu necessario assumere altre guardie del corpo durante il tour promozionale degli 1D in Irlanda. I ragazzi, intanto, continuavano a prendersi gioco dei media: Harry disse al Sun che era single, aggiungendo: "Mi piacciono le belle ragazze che sono anche spassose. Non ho veramente un tipo ideale, ma adoro quelle con i capelli corti... e anche quelle con i capelli lunghi". A Harry piacevano le ragazze, punto – su questo non v'erano dubbi.

A tutti e cinque, in effetti, piacevano, ma stavano anche cominciando a notare chi sembrava riscuotere più successo degli altri. "Tutto il suo potere sta nei ricci", disse Niall di Harry. "Le donne lo adorano. E lui adora spogliarsi. Sta sempre in mutande". Le donne gli saltavano continuamente addosso: una fan che era abbastanza grande da saperla lunga chiese a Harry di farle l'autografo sul seno, ma lui si rifiutò.

I ragazzi si stavano anche abituando a frequentare gli ambienti dello spettacolo. Furono visti alla festa di compleanno di Alexandra Burke al Gilgamesh, uno dei più noti ristoranti di Londra: stando a quanto si diceva in giro, i loro manager non furono troppo contenti della cosa, e mandarono delle guardie del corpo a recuperarli. Per tutta risposta i cinque si nascosero nella toilette. In un'altra occasione parteciparono a un'asta di beneficenza che si teneva al famoso Savoy Hotel di Londra, e Harry offrì 7000 sterline per comprare due biglietti per il Gran Premio d'Inghilterra di Formula 1. Nel frattempo l'euforia delle fan non accennava a diminuire, sebbene il singolo non fosse ancora uscito. In parte lo si doveva alla capacità della boyband di far parlare di sé, naturalmente; ma se i ragazzi richiamavano tutta quell'attenzione prima ancora di aver pubblicato un disco, cosa sarebbe successo dopo l'uscita del singolo? Se fossero stati nervosi non ci sarebbe stato niente da dire, ma la verità è che si stavano tutti divertendo un mondo.
Durante quel periodo Harry non perse mai il suo senso dell'umorismo. Intervistato su Radio 2, disse che la band veniva pagata in bottigliette di Coca Cola. E cosa sarebbe accaduto se il singolo fosse andato bene? "Si potrebbe passare a una valuta più pregiata", rispose lui. "Magari barrette di cioccolato" – be', sarebbero servite un sacco di barrette per pagare quei due biglietti del Gran Premio…
Mentre continuava il battage pubblicitario in vista dell'uscita del singolo, venne chiesto ai ragazzi per chi avevano una cotta. Niall rispose Kate Middleton, Louis scelse Natalie Portman, Liam disse Leona Lewis, mentre Zayn

optò per Jessica Alba. E Harry? "Caroline Flack è assolutamente favolosa", fu la sua risposta.
Intanto gli One Direction continuavano a raccogliere consensi tra le star più affermate. Ronan Keating era una di quelle: "Dietro di loro hanno un'imponente macchina promozionale e diventeranno delle superstar", disse al Sun il cantante dei Boyzone. "Diventeranno la più grande band che l'Inghilterra abbia mai visto, anche se forse non grandi quanto i Take That". Alcuni la pensavano diversamente, tuttavia, e stavano cominciando a paragonarli proprio ai Take That – probabilmente la band più amata del Regno Unito, quasi un patrimonio nazionale. Erano davvero altissimi apprezzamenti.
I ragazzi stessi erano ben consapevoli di quanto sarebbero stati fortunati di poter ricalcare quelle orme. "Il nostro sogno è di avere una carriera come quella dei Take That", dichiarò Harry al Daily Star Sunday. "I Take That sono una categoria a parte; sono la boyband per eccellenza e hanno fatto la carriera a cui aspiriamo nei nostri sogni più sfrenati. Lo sappiamo che siamo solo agli inizi, ma ci piacerebbe moltissimo andare avanti a fare musica tanto quanto sono andati avanti loro. Uno dei nostri sogni sarebbe fare otto concerti di fila a Wembley con il tutto esaurito, come loro". Probabilmente non erano ancora arrivati a quel punto, ma erano decisi a mettercela tutta.
Il tour del paese, fatto visitando in elicottero tantissime cittadine di provincia, si intensificò sempre di più a mano a mano che si avvicinava la data di uscita del singolo: l'11 settembre 2011. I ragazzi stentavano a credere a tutta l'attesa che si era creata intorno a loro: "Siamo cinque ragazzi

normali, non abbiamo gli addominali scolpiti, né fisici pazzeschi e non abbiamo problemi ad ammettere che non sappiamo ballare", disse Zayn al Sunday Mirror. "C'è stata una ragazza che ha preso un aereo dall'Australia all'America il giorno del suo compleanno solo per poterci incontrare all'aeroporto. Be', questo è proprio il massimo della dedizione, è veramente incredibile".

Niall aggiunse: "Cominciamo a riconoscere alcune ragazze perché spuntano fuori dovunque andiamo, anche se ce n'è stata qualcuna di nuova, ultimamente. Ne ho notate un bel po' di francesi, per esempio. Forse adesso ci sono le loro vacanze estive o roba del genere". O forse era un segno della fama internazionale che aveva raggiunto la band. Nessuno era mai stato in grado di prevedere se una star britannica sarebbe riuscita a sfondare in un mercato notoriamente difficile come quello americano, ma, considerando tutto l'entusiasmo che suscitavano gli One Direction, sembrava proprio che loro avessero qualche concreta possibilità di farcela.

Mentre era ormai imminente l'uscita del singolo, Simon Cowell, l'uomo che aveva la responsabilità ultima della pianificazione delle loro carriere, si stava occupando dei suoi programmi televisivi negli Stati Uniti. Non di meno fu sempre molto disponibile e si tenne costantemente in contatto con i suoi pupilli per assicurarsi che tutto stesse andando come previsto. I ragazzi furono quasi esagerati negli elogi che gli tributarono, dichiarando che aveva dato loro molta libertà e molta voce in capitolo nella scelta dei brani da includere nell'album. Scherzarono anche sul fatto che a loro non era permesso avere il suo numero di telefono perché si temeva che avrebbero potuto inavvertitamente renderlo pubblico. Intanto il tour promozionale andava avanti. Gli One Direction parteciparono a un'iniziativa benefica di raccolta fondi organizzata dagli agenti della City di Londra e gremita di star, dove era presente anche l'altro famoso Harry, il principe, che si intrattenne con le principesse Beatrice ed Eugenie, con la conduttrice e modella Kelly Brook, con il duo pop delle Cheeky Girls e con Boris Johnson, sindaco di Londra. I ragazzi diedero l'impressione di essere perfettamente a loro agio in quegli ambienti altolocati.

Via via che cominciavano a percepire i primi compensi importanti, i ragazzi andavano ad abitare per conto proprio. Louis e Harry furono gli unici ad essere coinquilini, ma entrambi erano entusiasti del loro nuovo appartamento, che aveva perfino una sala cinema. Oltre a essere il membro più raffinato ed elegante del gruppo, Harry era anche il più giovane, per cui era opinione condivisa che dovesse esserci qualcuno a tenerlo d'occhio. In settembre, quando la band festeggiò il diciottesimo compleanno di Niall, Harry scherzò sconsolato che lui avrebbe brindato con un succo di frutta tiepido – era ancora troppo giovane, infatti, per bere alcolici. Quando i ragazzi andarono ospiti della trasmissione *Daybreak*, festeggiarono la loro partecipazione bevendo champagne, mentre Harry dovette accontentarsi di una spremuta d'arancia.

Finalmente arrivò il giorno dell'uscita del singolo, che nel giro di tre giorni vendette 100.000 copie. Dietro al disco c'era stato un lungo ragionamento e una lunga pianificazione, considerato anche tutto quello che era in gioco:

era stato scritto da Rami Yacoub, Carl Falk e Savan Kotecha, e prodotto da Yacoub e Falk. La strumentazione era stata fornita da Falk (chitarra) e Yacoub (basso). Serban Ghenea aveva fatto il missaggio audio, e Tom Coyne la masterizzazione. John Helmes, insieme al suo assistente Phil Seaford, era il responsabile dell'ingegneria del suono, e il disco era stato registrato nei Cosmos Studios e nei Kinglet Studios di Stoccolma, in Svezia. Il video musicale che accompagnava il brano, e che finì per vincere tre MTV Music Awards, tra cui quello di Miglior Video Pop, mostrava gli One Direction a Malibu, ed era stato diretto da John Urbano.

I cinque ragazzi ebbero tutti voce in capitolo nella scelta di quella canzone come singolo d'esordio, e furono estremamente soddisfatti del risultato finale. "Direi che volevamo fare qualcosa che non fosse sdolcinato, e ci siamo divertiti un sacco", dichiarò Harry a MTV News. "In un certo senso ci rappresenta molto. C'è voluto un po' per scegliere, ma alla fine abbiamo trovato il pezzo giusto". Gli altri della band erano d'accordo con lui: quando la posta in gioco era così alta, non potevano più sbagliare.

Non c'era il minimo dubbio: i ragazzi avevano tra le mani un numero uno. L'isteria collettiva era ormai giunta a un livello tale che c'era il serio pericolo che qualcuno si facesse male – una volta, a Glasgow, gli One Direction stavano allontanandosi su una Mercedes monovolume con i vetri oscurati quando alcune fan riuscirono a superare il cordone di polizia e cominciarono a battere sui finestrini. I ragazzi erano assolutamente esterrefatti mentre il manager costringeva le ragazze a spostarsi in modo che la macchina potesse avanzare. "Non ci saremmo mai aspettati di assistere a scene del genere o di sentire tutte quelle urla", disse Harry al Sun, ma in realtà era ormai diventata una cosa normale. Nessuno dei ragazzi si era ancora abituato al pandemonio che provocavano, ma tutto questo non faceva altro che dimostrare, una volta di più, la stessa cosa: gli One Direction erano ormai diventati delle grandi star. C'erano dei limiti, comunque: quell'anno declinarono tutti gli inviti che ricevettero da locali o da luoghi pubblici per andare ad accendere le luci di Natale, in considerazione del fatto che i rischi per la sicurezza erano troppo elevati.

Stava poi diventando sempre più evidente che il quintetto aveva serie possibilità di sfondare anche negli Stati Uniti. Gli spettacolari risultati del primo singolo avevano reso chiaro a tutti il loro potenziale, e ai ragazzi non fu certo permesso di dormire sugli allori – furono invece impacchettati e spediti a New York per girare il loro prossimo video e andare a conoscere i boss dell'industria discografica sotto l'egida di Simon Cowell. Lui stesso non esitava a paragonarli ai Take That, un evidente indizio che era convinto che potessero raggiungere traguardi ancora più ambiziosi, e nessuno si meravigliò troppo quando venne annunciato che il loro singolo era in testa alle classifiche.

Una persona che aveva seguito tutti quegli sviluppi con molta invidia era il vinctore di *X Factor*, Matt Cardle. Non era per nulla contento di come stavano andando le cose e non si fece nessun problema a dirlo. "Gli One Direction sono dei rivali e mi rompe il c*** che possano pubblicare il loro disco prima del vincitore della trasmissione", dichiarò al Sunday Mirror. "Mi preoccupa anche il fatto che se loro decidono di farsi furbi e di rivolgersi a un pubblico più adulto, io rischio di rimanere fregato. Una cosa così non avrebbe mai dovuto capitare. Simon si è comportato male. Spero soltanto di riuscire a consolidarmi nelle classifiche di vendita prima che questo accada. Altrimenti mi ritroverò a schiumare di rabbia. Posso vincere solo se avrò un album che non ha bisogno di tanta pubblicità, un album che parla da sé, e io credo di averlo".

A essere onesti, Cher aveva già pubblicato un singolo prima degli One Direction, ed era andato molto bene, ma la verità era che quello era stato un anno eccezionale per Simon Cowell, che aveva trovato molte potenziali star. Nemmeno lui si sarebbe mai immaginato lo scalpore che avrebbero suscitato gli One Direction – i ragazzi erano una cosa sensazionale, avevano così successo che si cominciava a parlare di una rinascita delle boyband.

Per molti versi era comprensibile che Matt fosse agitato, perché non c'erano solo le fan ad adorare il nuovo singolo, anche i critici musicali ne erano stati catturati. Ailbhe Malone della rivista NME disse che la canzone aveva tutto per piacere ai teenager e che il suo giro di accordi era "abbastanza semplice da poter essere suonato su una chitarra acustica durante una festa tra compagni di classe". Newsround lo definì "divertente, pieno di energia, uno di quei pezzi che non ti togli più dalla testa", mentre Matthew Chisling scrisse su AllMusic che era "una fresca ed effervescente canzone d'amore per teenager". Sophie Goddard di Cosmopolitan lo descrisse come un pezzo "scandalosamente accattivante", mentre Jack Murray, recensendolo su Student, diede a "What Makes You Beautiful" cinque stellette su cinque e lo definì "non solo il miglior singolo pop dell'anno, ma potenzialmente il miglior singolo che sia mai stato proposto da un concorrente di *X Factor*". Meglio di così non poteva andare.

Tanner Stransky di Entertainment Weekly assegnò un B+ a "What Makes You Beautiful", scrivendo che la canzone era "un po' superficiale ma irresistibile" e che le boyband non erano affatto in declino. Jason Lipshutz di Billboard disse che la canzone era "una bomba", e che si poteva andare avanti a sentirla all'infinito, come "Bye Bye Bye" degli 'N Sync: "È facile capire perché questo singolo ha fatto colpo. Come i successi più duraturi degli 'N Sync, ha una sfacciata personalità elettro-pop".

Su TIME Stephanie Abrahms dimostrò di aver capito esattamente perché i ragazzi erano così popolari, aggiungendo: "Gli One Direction prendono ispirazione e idee dalle boyband del recente passato con testi sdolcinati sull'amore a quindici anni – 'il modo in cui ti avvolgi i ricci tra le dita mi fa morire' intonano nel loro singolo d'esordio – su cui nessun genitore avrà mai niente da ridire". Robert Copsey di Digital Spy diede a "What Makes You Beautiful" quattro stellette su cinque, affermando che aveva "una melodia molto accattivante" e che era un pezzo "adorabile, assolutamente innocente e destinato a scatenare l'entusiasmo di tutti i tuoi amici", mentre Zachary Houle di PopMatters scrisse che era un bel pezzo da ballare, uno di quelli che ti trascinano in pista anche se non vuoi".

"What Makes You Beautiful" vinse il Brit Award come Miglior Singolo Britannico ai Brit Award all'edizione del 2012, che si tenne il 21 febbraio di quell'anno. La canzone vinse anche il Teen Choice Award nella categoria "canzone d'amore" ai Teen Choice Awards del 2012. Il successo della band fu totale: avevano provato a se stessi di essere uno dei migliori prodotti di *X Factor* ed erano ora una vera potenza della scena musicale, con cui tutti dovevano fare i conti. In meno di un anno erano passati da perfetti sconosciuti a star internazionali – e davanti a loro c'erano ad attenderli trionfi ancora maggiori.

6
Proprio come la vita

Solo di rado, ormai, i ragazzi non andavano sui giornali. Qualunque cosa facessero otteneva i titoli dei quotidiani, dagli scherzi sui set dei loro video fino alle ragazze con cui si mettevano – dato che uno dopo l'altro finirono per trovarsi una fidanzata, e solo Harry rimase single.

Non mancò qualche commento ironico quando vennero messi in vendita i bambolotti ufficiali degli One Direction, e molti dissero a Harry, senza alcuna malignità, che il suo ricordava molto Susan Boyle, ma lui la prese bene. "È strano vedere un bambolotto con la tua faccia, ma è divertente muovere le varie parti del corpo in modo da fargli assumere pose interessanti", commentò Niall al Daily Star. "Il mio batterebbe gli altri alla lotta, ma per qualche motivo quello di Harry è il più muscoloso", aggiunse Zayn. E così continuava l'isteria collettiva – Chris Moyles, il presentatore di Radio 1, fu costretto a spostare lo studio in cui registrava il programma in un luogo segreto, perché si temeva di incorrere in problemi di sicurezza quando legioni di fan innamorate sarebbero andate all'assalto della trasmissione.

Lontano dai riflettori, nel frattempo, gli 1D stavano cominciando ad attirare ammiratori di tutt'altro genere: i grandi uomini d'affari. Ormai sembrava così sicuro che sarebbero riusciti a sfondare negli Stati Uniti che i dirigenti delle case discografiche americane si stavano facendo guerra per metterli sotto contratto: i principali contendenti erano L.A. Reid della Epic, Rob Stringer della Columbia e Peter Edge della RCA. Il manager della band, Richard Griffiths, stava gestendo le trattative, e la competizione toccava i massimi livelli. Dall'altra parte dell'Atlantico i ragazzi si dichiaravano contenti. Per loro, intanto, le cose continuavano ad andare alla grande come sempre, dato che era appena stato lanciato dalla Carphone Warehouse un Nokia One Direction.

Quanto agli altri concorrenti di *X Factor*, Matt Cardle fece uscire finalmente il primo singolo tratto dal suo album d'esordio: un brano scritto da Gary Barlow, ex componente dei Take That, e intitolato "Run For Your Life". Le recensioni, che divergevano sul suo valore, furono tendenzialmente negative, e la canzone non si avvicinò nemmeno lontanamente ai risultati degli 1D, non andando oltre il sesto posto in classifica. Per un po' Matt aveva preso la cosa con filosofia, ma adesso era scattato qualcosa dentro di lui. Rilasciò un'intervista alla rivista Look in cui si mostrò critico nei confronti di *X Factor* e, implicitamente, di Simon Cowell: "Mi sono terribilmente compromesso con *X Factor*", disse. "Sono andato sul palco in pantaloni gialli a cantare 'Fireworks' di Katy Perry, per la miseria. Cantare canzoni pop senza la mia chitarra e con uno strato di cerone in faccia non è stata una buona mossa.

Ho sentito gente per strada che diceva: "Quello è il tipo che ha vinto *X Factor*, non vedo l'ora che scompaia nel nulla".
Come non simpatizzare con lui? Cardle era stato ampiamente oscurato dagli One Direction, che avevano ottenuto il massimo che può ottenere un artista – il successo di critica e di pubblico. E poi, si sa, vincere *X Factor* in sé non è una garanzia, come Matt, ahimè, stava scoprendo adesso. Gli 1D, del resto, avevano chiaramente un rapporto diverso con Simon Cowell, tanto che ormai Harry si vantava di dargli consigli nelle questioni di cuore. Di lì a poco venne fotografato per la prima volta con Caroline Flack. Non soltanto stava dimostrando di essere un dongiovanni, ma gli altri membri del gruppo gli chiedevano aiuto come se fosse stato il titolare della posta del cuore di qualche rotocalco, senza contare, poi, il suo ruolo di cupido organizzatore dei loro incontri amorosi. Era stato lui, per esempio, a far conoscere a Louis Eleanor Calder, una modella di intimo diventata poi la sua fidanzata.
Nell'ottobre del 2011 i Westlife, la famosa boyband, si sciolsero, suscitando una serie di considerazioni sulla natura delle moderne boyband e un bel po' di previsioni su chi sarebbe stato a prendere il loro posto sul trono. Era ovvio che gli One Direction erano dei seri candidati, con una grande capacità di tenere alte le vendite dei loro dischi anche a distanza di tempo dall'uscita, caratteristica che le altre boyband non avevano. In qualche modo stavano riuscendo a gestire pressioni sempre crescenti senza perdere la serenità che li contraddistingueva: rimanevano solari e sorridenti come al solito, e

non sembrava che il successo gli stesse dando alla testa. Capita spesso che le persone che passano all'improvviso da una relativa oscurità alla fama internazionale comincino a pensare che il mondo debba mantenerli a vita, ma non era certo così che la pensavano i ragazzi degli One Direction.

Per quanto un po' stupefatti da quello che stava succedendo intorno a loro, si erano tutti resi conto di essere estremamente fortunati, consapevoli di non dover dare per scontata la nuova esistenza che conducevano. Poteva ancora svanire tutto da un giorno all'altro. In un'intervista al Sunday Times – che sottolineava il fatto che gli One Direction piacevano alle madri quarantenni quasi quanto piacevano alle loro figlie adolescenti – Niall disse: "Sentiamo di essere normali teenager a cui è stata data una clamorosa opportunità". Quell'approccio li avrebbe aiutati molto ad andare avanti.

Di sicuro l'immagine che dovevano dare era oggetto di discussione. Tutti e cinque avevano fatto sapere di aver già perso la verginità, anche se si erano rifiutati di scendere nei dettagli – si temeva che potessero risultare, se non proprio acqua e sapone, comunque di certo non troppo adulti. I loro manager gli avevano proibito di fare servizi fotografici a petto nudo e i ragazzi erano stati incoraggiati ad apparire più che mai normali, per quanto potessero apparire normali dei teenager famosi in tutto il mondo e in procinto di diventare milionari. Dicevano spesso di essere esattamente come i loro fan: c'erano ottimi motivi commerciali, d'altra parte, per fare in modo che il successo non gli desse alla testa.

Forse fu proprio per questa immagine acqua e sapone che si sollevò un'ondata di disgusto quando il comico quarantenne David Walliams disse a Chris Moyles durante *Quiz Night*, il gioco a premi di Channel 4, che gli piacevano un sacco i capelli di Harry e che avrebbe voluto fare sesso con lui (Walliams è eterosessuale). Migliaia di telespettatori indignati espressero le loro rimostranze all'Office of Communications, l'autorità di vigilanza sulla televisione. Era stata una frase del tutto fuori luogo se rapportata all'immagine che davano di sé gli One Direction, quella di un gruppo di ragazzini innocenti, di tipici adolescenti dalla faccia pulita che andavano dietro alle coetanee. La "battuta" di Walliams si riferiva a tutto un altro mondo.

In novembre uscì l'album di esordio della band, *Up All Night*. Fu un altro grande successo di critica e di pubblico: raggiunse il primo posto in sedici paesi e conquistò larghi consensi per il suo fascino fresco e giovane. In Inghilterra entrò in classifica al secondo posto, divenendo l'album d'esordio più venduto del 2011, mentre negli Stati Uniti schizzò direttamente in vetta, facendo degli One Direction il primo gruppo britannico ad aver conquistato il vertice delle classifiche americane con un album d'esordio. "Grazie al lavoro di un songwriter di alto livello, ci sono alcune canzoncine molto ben confezionate qui dentro", scrisse il Sun, aggiungendo: "Quest'album sta andando in una sola direzione – dritto dritto in cima alle classifiche".

Anche altri critici furono dello stesso avviso. "Ha potenzialità pressoché illimitate, è una raccolta costruita perfettamente, e perfettamente adatta al suo pubblico di riferimento", scrisse Matthew Chisling di AllMusic. "È un'opera encomiabile, ed entra nel pantheon delle boyband", disse Zachary Houle di PopMatters, aggiungendo che erano "pezzi di musica pop realizzati con cura, da ascoltare facendo le bolle di sapone". Si trattava, dichiarò Robert Copsey di Digital Spy, di "una raccolta di pop rock con coretti che ti trascinano" e di "un esordio assolutamente incantevole, proprio come ce lo aspettavamo, ma anche dotato di una sorprendente grinta". Erano canzoni "che ti fanno venir voglia di seguire il ritmo battendo le dita sul tavolo, e che non possono non piacere", affermò Sophie Goddard di Cosmopolitan. E via di questo passo. C'erano, inevitabilmente, alcuni critici che non condividevano affatto questo giudizio, ma per la maggior parte dei recensori i ragazzi erano stati all'altezza delle aspettative. E naturalmente questo creò, a sua volta, ulteriori aspettative. Mentre prima non avevano nessun termine di paragone, ora il loro prossimo album avrebbe dovuto essere buono come questo. E lo stesso valeva per il loro secondo singolo, ma quando uscì, nel novembre del 2011, anche "Gotta Be You" non deluse le aspettative. Scritto da August Rigo e da Steve Mac, raggiunse il terzo posto in classifica, diventando il secondo pezzo degli 1D ad aver conquistato la top ten, e a sua volta ottenne ottime recensioni dai critici, con Robert Copsey che diede alla canzone quattro stellette su cinque. Anche il momento del lancio si dimostrò decisivo: il singolo uscì giusto in tempo per il ricco mercato di Natale, e si parlò molto del fatto che i nuovi arrivati

mettevano a dura prova i nomi più affermati della musica come Michael Bublé, i The Wanted, Justin Bieber e i Jack the Lad Swing, questi ultimi usciti anche loro da *X Factor*. Era passato un anno ormai da quando i ragazzi si erano imposti all'attenzione del pubblico su *X Factor*, e così, mentre l'ottava edizione del programma si avviava verso la finalissima, gli One Direction ritornarono sul luogo dei loro trionfi per cantare insieme a Lady Gaga. Tutti e cinque provavano per lei un enorme rispetto, dato lo spettacolare successo che aveva ottenuto da quando un paio d'anni prima si era lanciata alla conquista del mondo che, fino a quel momento, non sapeva niente di lei. Ma c'era poi anche un altro legame con Lady Gaga, dal momento che gli 1D avevano lavorato con il suo produttore RedOne, per una delle canzoni del loro nuovo album. "RedOne sarà sicuramente un argomento di cui parleremo", disse Harry ai giornalisti nel backstage di *X Factor*. "Ci ha raccontato per filo e per segno cosa vuol dire lavorare con Lady Gaga, di quanto sia professionale e perseverante. E, soprattutto, ci ha detto che è davvero una ragazza simpatica".
A mano a mano che i ragazzi dimostravano di non essere di passaggio e diventavano parte integrante del mondo dello spettacolo, iniziarono ad andare ospiti di quel genere di programmi che richiamano solo i migliori, i grandi artisti dal grande cuore, come per esempio *Children In Need*, dove si ritrovarono in compagnia di Kylie Minogue, Alesha Dixon, Fearne Cotton, Adele, gli Steps, Susan Boyle e di un celeberrimo presentatore televisivo come sir Terry Wogan. Quando poi il Daily Star Sunday diede

in omaggio ai suoi lettori i bambolotti autografati degli One Direction, divenne addirittura difficile ricordare che c'era stato un tempo in cui la band non dominava il Pianeta delle Celebrità. Intanto cominciò a girare voce che c'era un flirt in corso tra Harry e Caroline Flack. Sì, la differenza d'età faceva storcere il naso a molti, ma ormai divampava una continua sarabanda di notizie intorno agli 1D, e la storia che stava sbocciando tra Caroline ed Harry non fece altro che approfondire il minuzioso esame a cui la band veniva sottoposta ogni giorno dall'opinione pubblica. Tutti e cinque i componenti del gruppo furono inseriti nel *Little Black Book*, l'annuale volumetto, pubblicato dalla rivista Tatler, che elenca i single più appetibili d'Inghilterra – e la folla delle fan, che stava crescendo a ritmi incredibili, non poteva dirsi che d'accordo.
Dopo tante ipotesi e previsioni, arrivò finalmente l'annuncio tanto atteso: gli One Direction avevano confermato l'accordo con una casa discografica americana. Era stato firmato con la Columbia, che annoverava anche Adele tra i suoi artisti, oltre a personaggi del calibro di Bob Dylan, Bruce Springsteen e David Bowie! Al di là delle congratulazioni pubbliche, erano in ballo affari molto grossi: adesso c'erano da fare parecchi soldi, e i manager della Columbia erano decisi a passare all'incasso. Quella di mettere sotto contratto gli One Direction non era stata una decisione difficile, stando a quanto dichiarò Steve Barnett, co-presidente della società: "Gli altri artisti di quel genere erano un po' invecchiati", disse. "Mi sembrava che ci fosse un vuoto, e che forse loro potevano colmarlo e occuparlo stabilmente". Venne pianificata una gigantesca

campagna pubblicitaria, compresa quella promozionale su facebook, per far conoscere meglio gli One Direction e nell'arco di pochi giorni attirò 50.000 persone. Era una strategia piuttosto innovativa: la procedura standard era di pubblicare un singolo e poi di portare il gruppo in tour, mentre in questo caso vennero usati i social network per far salire l'interesse per gli 1D prima ancora che fossero annunciati il singolo e il tour. Ai fan venne chiesto di firmare delle petizioni, mentre mandando un video ad un concorso avrebbero potuto ottenere un concerto degli One Direction nella propria città - vinse Dallas -, il che fece salire a 400.000 il numero delle persone raggiunte dalla campagna promozionale.
Intanto i ragazzi erano coinvolti anche in altre attività. L'ottava edizione di *X Factor* stava avendo riscontri piuttosto modesti: Simon Cowell non c'era, il che non aiutava, e nessuno dei concorrenti era riuscito a catturare l'attenzione del pubblico nello stesso modo in cui ci erano riusciti Matt, Cher, Rebecca e naturalmente gli 1D. I finalisti, come al solito, avrebbero cantato insieme un singolo i cui proventi sarebbero andati in beneficenza, ma si temeva che quell'anno l'interesse generato dai concorrenti non avrebbe fatto vendere abbastanza. Alla fine gli One Direction e i Jack the Lad Swing furono cooptati per cantare nel disco - una cover di "Wishing On A Star" di Rose Royce - che doveva raccogliere fondi per Together For Short Lives, la cui missione era aiutare i bambini destinati a non raggiungere l'età adulta. I ragazzi visitarono poi l'ospedale Rainbows Children, sovvenzionato dall'organizzazione, ed espressero la loro commozione al pensiero di poter

essere d'aiuto. Tutte quelle attività furono caldeggiate da Simon Cowell, che è, naturalmente, il vero e grande vincitore di *X Factor*, nonché una persona sempre pronta a dare agli altri una parte di quello che ha avuto dalla vita. Con tutte le cose che stavano succedendo intorno a loro, diventava sempre più difficile tenere i ragazzi con i piedi per terra, sebbene loro ci provassero. Tutti e cinque erano ancora in contatto con gli amici che avevano prima di diventare famosi, per quanto Harry venisse avvistato sempre più spesso negli ambienti frequentati dai vip, non solo in compagnia di Caroline Flack ma anche di James Corden, un noto attore e presentatore, e di Rio Ferdinand, amatissimo calciatore del Manchester United e della nazionale inglese. Era addirittura arrivato al punto che erano le altre celebrità a volerlo conoscere più che lui a voler conoscere loro – chiunque venisse fotografato con Harry e con gli altri ragazzi era certo di ritrovarsi il giorno dopo su tutti i giornali del paese.
I ragazzi cominciavano a essere consapevoli di tutto ciò. Ormai se uno di loro si faceva ripetutamente pizzicare con una ragazza, veniva dato per scontato – a volte a ragione, altre a torto – che quella era la nuova fidanzata. Questo non era necessariamente un bene per la loro immagine, e spesso era tutto falso. I ragazzi ripeterono fino allo sfinimento che non erano degli sciupafemmine, ma, a causa di tutta l'attenzione che richiamavano – e della storia di Harry con Caroline, che ormai non era più un segreto per nessuno –, chi ci poteva ancora credere? Saranno anche stati, come dicevano loro, dei "normali teenager", ma si erano ritrovati in una situazione che di normale aveva

ben poco, e si poteva anche capirli se qualche volta si divertivano un po'.
Per accompagnare l'uscita del nuovo album, ITV2 mandò in onda *One Direction: A Year in the Making*: raccontando tutto quello che era accaduto dietro le quinte, il documentario seguiva la storia dei cinque ragazzi da quando si erano piazzati terzi a *X Factor* fino a quando avevano raggiunto lo status di superstar internazionali. Harry, Liam, Louis, Niall e Zayn riflettevano su quello che era stato un anno davvero tumultuoso, e il loro crescente stupore davanti alle reazioni delle fan nei vari paesi europei in cui andavano era sotto gli occhi di tutti.
Harry, naturalmente, si era goduto ogni minuto di quell'avventura, e cominciava a essere paragonato a una rockstar straordinariamente famosa. Era il cinquantesimo anniversario dei Rolling Stones, e venivano fatti raffronti tra la più grande rock 'n' roll band del mondo – come gli Stones amavano definirsi – e le nuove leve della musica pop, gli One Direction. Era chiaro, per di più, che Harry aveva qualcosa in comune con Mick Jagger, il leader dei Rolling Stones. Anche tralasciando il fatto che entrambi hanno occhio per le donne, esiste tra loro una chiara somiglianza fisica. Sono tutti e due asciutti e slanciati, e anche se Mick è un po' brizzolato di questi tempi, con quella faccia pulita Harry potrebbe tranquillamente essere scambiato per Mick da giovane. Entrambi hanno una caratteristica fisica che è il loro marchio di fabbrica: nel caso di Mick sono le sue celebri labbra, nel caso di Harry i suoi capelli. È una somiglianza che promette bene per Harry, dal momento che Mick Jagger è probabilmente

la più grande rockstar che il mondo abbia mai visto. Se Harry potesse raggiungere anche solo una piccola parte del suo successo, avrebbe davanti a sé una strabiliante carriera. Gli altri membri della band lo hanno perfino preso in giro per quella somiglianza, dicendo che, dopo aver comprato a Niall una statua di cera di Barack Obama a grandezza naturale (sarà vero?), adesso avrebbero fatto lo stesso con una statua di Mick Jagger per Harry.

Con ogni probabilità fu la reputazione di dongiovanni che si era fatto Harry a indurre una famosa seduttrice a rilasciare certe dichiarazioni. Nancy Dell'Olio, che con i suoi cinquant'anni era probabilmente troppo vecchia perfino per Harry, si vantò con una certa insistenza di avere una nuova schiera di ammiratori – i cinque componenti della band. Si erano incontrati a Dublino, fuori dal suo camerino: "Sembravano molto affascinati", disse la Dell'Olio al Sun. "Stanno andando nella direzione giusta se si sentono attratti da me. Sono felice di sapere che non sono interessati a donne tipo Cheryl Cole. Essere una persona matura ti permette di leggere libri insieme e di imparare le cose in fretta". I ragazzi non risposero a quella curiosa dichiarazione, ma essere stati notati da Nancy Dell'Olio era l'ennesima dimostrazione che il loro fascino non faceva effetto solo sulle ragazze della loro generazione – e, come già osservato in precedenza, le mamme andavano pazze per loro.

Quando ormai s'avvicinava la finale dell'ottava edizione di *X Factor*, i ragazzi vennero chiamati di nuovo in trasmissione per spargere un po' di polvere di stelle sugli schermi della tv. Si aggiungevano a una lunga lista di pesi massimi del mondo dello spettacolo, convocati per l'occasione, e dovevano quindi esibirsi insieme ai Coldplay, a Leona Lewis, a Michael Bublé, ai Jack the Lad Swing e ai Westlife. I dirigenti di *X Factor* erano decisi a chiudere in bellezza quell'edizione che era stata altrimenti piuttoso scialba, e si parlava già di quella serata conclusiva come di uno degli eventi televisivi dell'anno. Anche i giudici di *X Factor* – Gary Barlow, Tulisa e Kelly Rowland – vennero invitati a proporre le loro canzoni. A vincere stavolta fu la girl band delle Little Mix, primo gruppo femminile a trionfare a *X Factor*, un risultato a cui si aggiunse un piccante risvolto amoroso, dato che le Little Mix erano state sostenute dagli One Direction. Si mormorava, infatti, che una delle componenti della band, Perrie Edwards, avesse iniziato una storia con Zayn, ma quella storia fu anche la prima vittima della vittoria delle ragazze, perché Perrie, a quanto pare, lasciò prontamente Zayn, dicendo di volersi concentrare sulla sua carriera.

Anche così, comunque, la finale fu un po' una delusione. A dispetto di quel parterre di star, perse tre milioni e mezzo di telespettatori rispetto all'anno precedente – l'assenza di Simon Cowell si era chiaramente fatta sentire – e venne superata negli ascolti da *Strictly Come Dancing*, suscitando non poche preoccupazioni, espresse anche dallo stesso Cowell, sul futuro della trasmissione.

I ragazzi, invece, non avevano niente da temere: la loro carriera stava andando di bene in meglio, e proprio in quel periodo partiva il loro primo tour, che si apriva con un concerto alla Civic Hall di Wolverhampton. Quella era la loro occasione per iniziare ad avanzare arroganti pretese da rockstar, ma loro non chiesero quasi niente se non gelatine, liquirizie Haribo, mutande e calzini puliti. Quando arrivarono per la prima volta nel loro camerino, furono felicissimi di scoprire che c'era anche una sauna e un bagno turco: "Proprio così!", disse Louis al Sun. "Così prima di ogni concerto ci facciamo una sauna o un bagno turco tutti insieme". Di sicuro prendevano ognuno un Haribo prima di andare in scena: forse la botta di zuccheri serviva a dar loro la carica di energia per far andare in delirio le fan adoranti.

Il concerto fu un successone. Gli 1D iniziarono con "Na Na Na", il lato B di "What Makes You Beautiful", seguita da una serie di canzoni tratte dal loro album e dalle interpretazioni che avevano presentato a *X Factor*. Altre cover furono "Valerie", di Amy Winehouse, e "Use Somebody", dei Kings of Leon, alternate a pezzi loro come "Gotta Be You" e "One Thing", che sarebbe stato il loro prossimo singolo. E naturalmente, fecero "What Makes You Beautiful", che scatenò gli strilli più alti della serata.

Per i ragazzi quella era ancora un'esperienza nuova, e uno dei modi che avevano escogitato per gestire al meglio la situazione era immaginare di essere qualcun altro. "A volte, mentre siamo sul palco, pensiamo di essere qualcun altro oppure ci mettiamo nei panni di un altro cantante. Liam è un fan dei Take That, così immagina di essere Gary Barlow", disse Louis a James Cabooter di Playlist. "Quando vedo qualcuno fare qualcosa sul palco, mi metto a rifarlo, e immagino di essere lì tra il pubblico a guardarmi", aggiunse Liam. "È curioso. Ci sono un mare di cose che rubo agli altri". Harry non fu da meno, ovviamente: "Adoro Chris Martin. A volte lo imito quando sono sul palco", confessò. In realtà stavano elaborando ognuno un suo distinto personaggio di scena – è chiaro che sentirono il bisogno di una maschera dietro cui nascondersi quando si trovarono a gestire la loro improvvisa fama.

I ragazzi dovevano anche abituarsi alla vita *on the road.* Qualunque band che voglia andare lontano deve investire moltissimo tempo nei tour, e gli One Direction non facevano eccezione. Viaggiavano su un pullman tappezzato di poster e fotografie – Harry disse di avere una foto di Liam nel letto a castello della sua cameretta, e Louis aggiunse che andava benissimo così, dato che Liam sembrava comunque una ragazza – e vivevano con la valigia in mano. Il legame tra loro cinque era diventato molto forte, il che era davvero un bene: passavano tantissimo tempo l'uno in compagnia dell'altro e qualsiasi genere di attrito sarebbe stato disastroso. Se non altro i ragazzi avevano una cosa in comune: solo loro sapevano cosa voleva dire essere strappati dal più oscuro anonimato per essere trasformati in una band chiamata One Direction. Lo stress e le tensioni che dovevano affrontare erano identici per tutti e cinque, e se mai uno di loro aveva la sensazione di non farcela, aveva sempre gli altri con cui confidarsi. D'altra parte, nessuno di loro conduceva più la vita di un normale teenager.

Di sicuro Harry continuava a godersi ogni istante di quella nuova vita. Girò qualche battuta scherzosa quando si venne a sapere che il suo era stato il nome più usato per i bambini nati nel 2011: era del resto in buona com-

pagnia fra celebrità come il principe Harry, Harry Potter e Harry Judd, il batterista dei McFly – quasi che Harry Styles incarnasse lo spirito dei tempi. Harry era il nome di moda e il giovane Styles uno degli Harry più in vista. Se tutta l'attenzione che lo circondava produceva qualche conseguenza negativa, questa non riguardava lui ma le sue fan. Erano già state espresse non poche preoccupazioni riguardo al fatto che Caroline Flack aveva ricevuto minacce di morte dopo che la sua relazione con lui era stata resa pubblica, e adesso stava succedendo qualcosa del genere anche ad alcune fan della band. Gli 1D avevano postato su twitter un invito a tutte le ragazze affinché si facessero avanti per ricevere una serenata dai membri del gruppo, e la ventenne Hollie Gilbert venne scelta per ricevere quella di Harry. Puntualmente lui le dedicò una canzone durante il concerto che apriva il tour, e questo provocò quasi subito tremendi messaggi da una serie di troll, tra cui "Ti trovo patetica" e "Non sei manco carina, perché Harry ti ha scelto?" (Per dovere di cronaca, Holly è molto carina, il che potrebbe forse aver scatenato la gelosia nei suoi confronti).
Anche altre due ragazze vennero prese di mira, e questo inquietò a tal punto i manager della band che la parte interattiva del concerto fu cancellata. Erano problemi che le boyband non avevano mai sperimentato prima: anche se i social network esistevano da un bel po', il trolling era un fenomeno relativamente nuovo, e nessuno si sarebbe mai aspettato che una richiesta del tutto innocente rivolta alle fan affinché si mettessero in contatto con i loro idoli avrebbe provocato un tale risentimento presso alcune.

Una sgradevole minoranza di loro – percentuale davvero esigua – era riuscita a rovinare tutto; perché dopo quelle meschinità nessuna delle fan, comprese le troll, sarebbe mai più stata scelta per ricevere una serenata. Ecco un altro inconveniente dell'essere un grande rubacuori nell'era digitale!
Un altro inconveniente era che niente restava segreto a lungo, sebbene a volte fossero i ragazzi stessi a portare la loro vita in pubblico. Harry e Louis organizzarono uno scatenato veglione di capodanno nell'appartamento che condividevano: c'era James Corden, e c'era un'incredibile quantità di ragazze. Harry venne immortalato con il braccio intorno alle spalle di una biondina – Caroline era in India, all'epoca, anche se lui ci tenne a telefonarle subito – e puntualmente le foto apparvero l'indomani sui giornali. I due amici non erano affatto pentiti. "Il nostro veglione è stato assolutamente pazzesco!" twittò Louis. A quanto pare, essere una popstar aveva i suoi vantaggi.
I ragazzi, comunque, non davano nulla per scontato. Una notte che erano di ritorno da un concerto insieme a due della crew, un'auto andò addosso al pullman del tour. Louis, Zayn e Niall dovettero essere curati per dei forti mal di testa, e furono chiamate la polizia e l'ambulanza. Accusarono tutti, chi più chi meno, i postumi di un colpo di frusta, e le fan inorridite reagirono subito alla notizia su twitter. All'inizio si temette che qualcuno potesse essere stato ferito gravemente, ma i ragazzi, per quanto scossi, ne uscirono bene.
Vi furono anche timori che il successivo concerto, a Plymouth, potesse essere cancellato, ma i cinque non ne

vollero sapere. "Non preoccupatevi, stiamo bene", twittò Niall. Gli One Direction erano ben consapevoli dell'importanza di non interrompere il tour e di non deludere le fan. E così salirono sul palco ai Plymouth Pavilions, mandandole in delirio e dimostrando una volta per tutte di essere dei professionisti, e di sapere bene che cosa ci si aspettava da loro: un bel modo di iniziare il 2012.

7

The Talent Show Story

All'inizio del 2012 ITV mandò in onda una serie in cinque parti intitolata *The Talent Show Story*. Servì, tra l'altro, a ricordare che i reality show non erano, in effetti, un fenomeno nuovo, ma risalivano a decenni prima e a trasmissioni degli anni Ottanta come *Opportunity Knocks*, probabilmente l'antenato di tutti i talent show, presentato dal compianto Hughie Green e corredato di storie istruttive come quella di Lena Zavaroni, l'ex enfant prodige della musica che morì a trentacinque anni dopo aver combattuto invano contro l'anoressia. Chiaramente la fama precoce aveva i suoi lati oscuri! Per ovvie ragioni, la figura dominante di *The Talent Show Story* fu Simon Cowell, che aveva cambiato da solo il sabato sera in televisione, senza contare che molte delle star invitate erano state create da lui. L'esempio più lampante era Susan Boyle, che venne intervistata durante la prima puntata, mentre gli One Direction furono ospiti della seconda insieme ai Jack the Lad Swing e ad Alexandra Burke.

Recensendo sul Times la puntata in cui si erano esibiti i ragazzi, Lisa Verrico fece un parallelo fra i vecchi reality e la nuova, scintillante performance degli 1D andata in onda quella sera: "La loro breve esibizione, piena di piccole trovate sceniche, era un genere di intrattenimento che veniva dal grande varietà vecchia maniera", scrisse. "Il look dei ragazzi comprendeva giacchette di velluto a coste, bretelle e maglioncini a V di tonalità intense e romantiche. Anche mentre erano stretti tutti insieme sul divano a passare in rassegna i tweet dei fan, gli One Direction avevano il fascino di un gruppo pensato per l'ora del tè nella tv anni Settanta". Avevano riportato in voga le boyband, diceva ancora la giornalista; avevano fatto "un bel lavoro".

Anche Kitty Empire dell'Observer fu prodiga di complimenti. "Sono innegabilmente affascinanti", scrisse. "In 'Na Na Na', la canzone di apertura, si vedono gli One Direction su una spiaggia dell'Inghilterra, vestiti con i tipici colori marinari, mentre saltellano di qua e di là come tanti agnellini dopo essere stati sguinzagliati nel reparto uomo della H & M. Chiunque di loro non sia impegnato a cantare ha il compito di lanciare gridolini che fanno da sottofondo alla canzone. A beneficio di coloro che non sono aggiornati su *X Factor*, gli 1D non hanno una voce principale, ma Harry Styles, un giovane fenomeno dai capelli scarmigliati, è il diciassettenne cucciolo alfa. Quando lui si rivolge alla folla, la folla va in delirio. E questo dà a un aiutante di scena il tempo di attrezzare il palco con un finto fuoco da campo prima che inizi il medley". La giornalista dell'Observer commentò anche il fatto che sul palco, almeno quella sera, non c'erano state vere e proprie coreografie. Era una cosa piuttosto insolita per una boyband, ma dipendeva dal fatto che tutti e cinque, in origine, si erano presentati come solisti. E significava anche che, appena reduci da un incidente e ancora sofferenti per il colpo di frusta, gli One Direction erano comunque capaci di andare in scena.

Sull'Independent on Sunday anche Simon Price parlò della crescente popolarità di Harry: "Stasera i ragazzi si direbbero quasi usciti da una rivista patinata di quelle con il poster da appendere in camera", scrisse. "Da una rapida presentazione dei vari membri del gruppo apprendiamo, per esempio, che Harry adora gli involtini e le ragazze, mentre detesta le barbabietole. Il pubblico, composto al 99,9% di ragazzine, accoglie ognuna di quelle informazioni con strilli da spaccare i timpani. Il fatto è, vedete, che c'è una precisa gerarchia negli One Direction, e una rapida ricerca empirica ha prodotto i seguenti risultati: Harry Styles, con la sua chioma fluente, è di gran lunga il più popolare del gruppo. Se chiudete gli occhi e provate a indovinare quando è Harry che canta basandovi solo sull'impennarsi dei decibel, vi assicuro che non potrete mai sbagliare". In effetti Harry stava indiscutibilmente riscuotendo più consensi di tutti, a dispetto delle incessanti polemiche su Caroline Flack.

Lasciandosi definitivamente alle spalle l'incidente, gli 1D stavano prendendo l'abitudine di farsi degli scherzi tra loro mentre erano addormentati in pullman. "L'altro giorno, mentre Liam stava dormendo, Zayn ha preso il rasoio e gli ha fatto una strisciolina in mezzo a ogni sopracciglio", raccontò Harry al Sun. "E poi, mentre dormiva Zayn, io gli ho disegnato le mie iniziali sulle gambe rasandogli i peli".

Era facile a volte dimenticarsi che per molti aspetti i ragazzi erano ancora normali teenager con tanta voglia di divertirsi: con tutti gli impegni del tour e delle prove, con le canzoni da registrare e con i preparativi dell'imminente lancio negli Stati Uniti, avevano davvero bisogno di una valvola di sfogo per scaricare la tensione.
Quando Harry e gli altri giunsero a Londra, dove i loro concerti continuavano a ottenere ottime recensioni, i giornali erano pieni di confessioni di donne mature che raccontavano quanto fossero felici di prendersi amanti molto più giovani di loro. "Harry Styles e la sua morbida chioma fanno la parte del leone nell'accaparrarsi i favori del pubblico", scrisse Caroline Sullivan sul Guardian, e anche lei sottolineò che gli One Direction erano differenti da tante altre boyband. Oltre a non ballare, loro si mettevano più "in tiro" di molti altri gruppi che c'erano in circolazione. Il loro look tendeva a essere un po' adolescenziale, con pantaloni di cotone e camicie fresche di bucato, e non mancavano i blazer. In realtà nessuno di loro si metteva davvero "in tiro", ma quello era un look che ai ragazzi stava bene, non da ultimo perché li distingueva da tutti gli altri. "Fanculo la Bieber fever", twittò una fan, "io mi sono ammalata di One Direction". La stessa cosa, a quanto pareva, era successa a centinaia di migliaia di sue coetanee.
Intanto continuavano i piani per sfondare nel mercato americano, e secondo alcune indiscrezioni sia Disney Channel che Nickelodeon erano interessati ad avere gli One Direction come ospiti, il che, se si fosse concretizzato, avrebbe rappresentato un formidabile trampolino

di lancio per la loro carriera sull'altra sponda dell'Atlantico. Nel frattempo il tour si era trasferito in Irlanda, dove gli One Direction dimostrarono di essere popolari come lo erano dappertutto: Niall, che era nato nei pressi di Dublino, lì era di casa, e introdusse gli altri ragazzi alle gioie delle salsicce e degli scherzi irlandesi.
Malgrado tutto quello che avevano da fare, comunque, i ragazzi non avevano perso il senso dell'umorismo. Erano appena state annunciate le nomination dei British Awards, con gli 1D tra i candidati, e per tutta risposta i cinque postarono un video scherzoso su Youtube in cui facevano bodybuilding per prepararsi a sollevare la statuetta del loro primo Brit Award.
Fu in quel periodo che Harry e Caroline decisero di andare ognuno per la sua strada – in realtà, lui aveva così tante cose per la testa che era diventato difficile riuscire a vedersi, e non gli ci volle molto a trovarsi altri flirt. Caroline, nel frattempo, aveva dato il suo numero di telefono a Joey Essex, il ventunenne divo del reality *The Only Way Is Essex*. Inoltre il successo di Harry stava finalmente cominciando a fruttargli qualcosa, e con una parte dei suoi guadagni si comprò una Range Rover Sport di seconda mano dal suo patrigno – i giornali, naturalmente, non trascurarono di scrivere che solo l'assicurazione gli sarebbe costata 15.000 sterline l'anno.
Verso la fine di gennaio del 2012 gli One Direction fecero un salto negli Stati Uniti per tastare il terreno, e vennero acclamati dalla folla mentre attraversavano Hollywood. Quando le immagini delle fan americane in delirio che cercavano di avvicinarsi alla band attraversarono

l'Atlantico, parve a tutti sempre più probabile che i ragazzi sarebbero riusciti a sfondare anche in America, impresa notoriamente molto difficile.
Come sempre, Harry si dimostrava il più popolare dei cinque: capelli morbidi e sorriso dolce, accento inglese e fascino rilassato, esemplificava tutto quello che le americane pensano del maschio britannico. "Gli One Direction sono stati presi d'assalto fin dal loro arrivo a Hollywood, sebbene qui non siano ancora molto noti", disse al Sun un esperto dello showbiz. "Le ragazze sono andate tutte fuori di testa. Adorano l'accento dei ragazzi, e i capelli fluenti di Harry scatenano un putiferio. I componenti della band hanno curato l'abbronzatura, restandosene sdraiati al sole sul bordo della piscina del W Hotel a West Hollywood. Orde di fan sovreccitate si sono accampate fuori dall'albergo, gridando di continuo e provocando un enorme trambusto".
Tutti i giornali parlarono della grande attenzione che stavano riscuotendo gli One Direction, anche da fan molto particolari come Katherine, la figlia ventiduenne di Arnold Schwarzenegger. E non era l'unica. La rivista Heat condusse un sondaggio tra le sue lettrici per scegliere i 101 Strafighi Più Sexy del Mondo, e gli 1D entrarono tutti e cinque in classifica, con Harry che si piazzò davanti agli altri, al diciottesimo posto. David Beckham arrivò primo, ma era chiaramente solo una questione di tempo prima che Harry gli soffiasse il posto.
Era piuttosto contento dell'apprezzamento di Katherine Schwarzenegger, che aveva twittato: "Ho appena guardato il mio primo video degli One Direction con mia cugina e

@Harry_Styles è proprio carino!". "Katherine è venuta in studio a guardarci", raccontò Harry al Sun. "Ve lo immaginate Schwarzy come suocero? 'Vattene subito da casa mia, se non vuoi morire'." (Detto imitando l'accento di Schwarzenegger). Harry raccontò anche che non era sempre facile la vita quando eri continuamente sotto gli occhi di tutti – negli hotel, per esempio, i ragazzi dovevano usare l'ascensore di servizio, perché le fan passavano tutto il giorno ad andare su e giù con gli ascensori riservati agli ospiti dell'albergo nella speranza di imbattersi nei loro idoli.

Il primo febbraio 2012 Harry divenne maggiorenne, il che significava che poteva finalmente bere in compagnia delle sue amiche più grandi – quantomeno in Inghilterra. In quello stesso periodo circolarono indiscrezioni secondo cui i manager americani volevano presentare Harry come il leader della band. Gli One Direction non avevano ancora una voce principale, ma era indiscutibilmente lui a richiamare più attenzione degli altri, e il management della band voleva capitalizzare sulla sua popolarità. I ragazzi avevano partecipato come guest star ad alcune puntate di *iCarly*, una seguitissima sitcom per teenager trasmessa da Nickelodeon, ed era stato Harry a fare la parte del protagonista, con Carly, interpretata da Miranda Cosgrove, che si prendeva una cotta per lui. Harry, tuttavia, era restio a cambiare lo status quo – così come lo erano anche i suoi compagni. Fin qui l'assetto della band aveva funzionato benissimo, dunque perché stravolgere la formula vincente? E perché rischiare di litigare con gli altri? Nella band erano tutti uguali, e

nessuno era intenzionato a metterlo in discussione.
Il viaggio in America fu breve e i cinque rientrarono ben presto a Londra, incontrando addirittura Kylie Minogue nella prima classe dell'aereo su cui viaggiavano. Pochi giorni dopo Harry partecipò a un party organizzato dal dj di Radio 1 Nick Grimshaw alla Shorditch House, un club alla moda dell'East End, riservato ai soli soci. Harry, che non aveva ancora il permesso di bere alcolici, venne visto immerso in una fitta conversazione con Pixie Geldof, ma, anche se si susseguirono varie ipotesi sulla reale natura del loro rapporto, i due erano destinati a rimanere solo amici. Harry fu invece avvistato a The Social, un bar del West End, insieme a quella che i giornali definirono con compiacimento una "misteriosa bionda", sui venti-venticinque anni. (Caroline, nel frattempo, fu vista baciare il ventiquattrenne Sam McCarthy, membro della band australiana Kids of 88). La fama di dongiovanni di Harry cresceva di giorno in giorno. Così la pensava di sicuro anche Matt Cardle, ex rivale degli One Direction a *X Factor*: "Harry se la caverà benissimo – il ragazzo non ha un solo problema, una sola preoccupazione al mondo", commentò Matt quando si seppe della rottura tra Harry e Caroline. "Adesso che è maggiorenne, diventerà un incubo assoluto, secondo me, ma in fondo lo sarei anch'io se fossi al suo posto. Se una sera uscissimo insieme, probabilmente si accaparrerebbe tutto quello che gli capita a tiro. È un peccato che lui e lei non stiano più insieme, perché avrebbero avuto dei bambini bellissimi. Caroline è una splendida ragazza e, da quanto sento, anche Harry è un bel ragazzo".

Sembrò tuttavia che lo stress della vita che Harry conduceva stesse cominciando a farsi sentire. Aveva sviluppato un forte mal di schiena e i suoi manager gli avevano raccomandato di fare pilates per risolvere il problema, dato che il tour era ancora lungo. In quel momento "What Makes You Beautiful" era in testa alle classifiche mondiali così come l'album d'esordio, che entrò direttamente al primo posto in Italia, Svezia, Filippine, Hong Kong e Thailandia. I ragazzi andavano alla grande anche in Giappone e in tutto l'Estremo Oriente, oltre che in Europa e in America: ormai erano davvero un fenomeno globale.

Nel frattempo la fama di rubacuori di Harry non faceva che crescere. Fu visto a un party organizzato da Stella McCartney al termine della sua sfilata di moda alla Mason's Yard, e lì Harry chiacchierò animatamente con due famose modelle come Alexa Chung e Poppy Delevingne. Quest'ultima, quantomeno, rimase molto colpita da lui: "Sono innamorata persa di Harry Styles", confidò al Sun. "Mi è passato vicino e praticamente sbavavo. Adoro i suoi ricci". I due ballarono insieme alla festa, alimentando ancora di più le voci su una loro possibile relazione. Come ebbe a lamentarsi Harry a un certo punto, ogni volta che veniva visto con una ragazza si presumeva automaticamente che quella fosse la sua nuova fiamma. Ci furono molti pettegolezzi anche sulla sua amicizia con Georgia May Jagger, la figlia di Mick, che si dimostrarono di nuovo infondati.

Intanto un'altra canzone della band, "One Thing", era stata proposta come secondo singolo in vari paesi europei e come terzo nel Regno Unito. Scritto da Rami Yacoub,

Carl Falk e Savan Kotecha, il brano era accompagnato da un video in cui si vedevano i ragazzi ridere e scherzare in giro per Londra e cantare e suonare al piano superiore di un autobus, sulla scalinata di un parco e davanti a un gruppo di artisti di strada. Apprezzato da tutti per la sua semplicità acqua e sapone, il video ha ampiamente superato i duecento milioni di visite su YouTube. E i ragazzi raccontarono di essersi divertiti moltissimo a girarlo: "È stato fantastico", disse Harry a Capital FM. "Si è trattato letteralmente di filmare noi che facevamo gli idioti tutto il giorno in giro per Londra".

Le recensioni furono entusiastiche. Su PopMatters, Zachary Houle paragonò "One Thing" a "I Want It That Way" dei Backstreet Boys: "La canzone ha una melodia che è presa quasi di peso dal coro di un mega successo dei Backstreet Boys come 'I Want It That Way' – al punto che Nick Carter, A.J. McLean e compagnia hanno materiale per intentare una causa per plagio, se vogliono. Omaggio o furto? Decidete voi", scrisse. Anche Brian Mansfield di Usa Today istituì lo stesso confronto: "I fan delle boyband della generazione precedente potrebbero sentire in 'One Thing' echi di 'I Want It That Way' dei Backstreet Boys. Questa strizzatina d'occhio alla storia della musica pop può essere intenzionale o meno, ma l'effetto rimane lo stesso", dichiarò. Su Entertainment Weekly, Adam Markovitz disse che il brano era "irresistibilmente pieno di vita". Lewis Corner di Digital Spy gli attribuì quattro stellette su cinque, elogiando il giro di chitarra, il coro "potente" e la melodia accattivante, insomma una "hit da stadio". Secondo Jason Lipshutz di

Billboard quello era "un pezzo pop rock interpretato alla perfezione", che "avrebbe occupato la programmazione radio per mesi e mesi".
Intanto "What Makes You Beautiful" stava dando ancora soddisfazioni. Ai Brit Awards 2012 vinse il premio come Miglior Singolo, anche se Harry fece una piccola gaffe nel suo discorso di accettazione della statuetta, ringraziando Radio 1 quando invece i votanti erano gli ascoltatori di Capital FM. Rimediò, comunque, dedicando il premio alle fan degli One Direction: "Tutto quello che facciamo lo facciamo per voi, e questo premio è vostro". Anche così, la band fu costretta a presentare ufficialmente le sue scuse dopo che Capital FM si rifiutò di mandare in onda la canzone e di menzionare il tour: "I ragazzi erano in preda all'eccitazione per la vittoria", si difesero in un comunicato. "Gli 1D desiderano ringraziare tutti gli ascoltatori di Radio Capital per il loro sostegno e per il loro voto". Non stettero comunque lì a rimuginare troppo sull'episodio, come confidò Harry al Daily Express: "Metterò la statuetta nel bagno di casa mia, ben in vista. Non è bello metterla in un posto scontato, tipo il salotto o la mensola del caminetto. Se la metti in bagno, invece, tutti devono andarci, prima o poi".
Di lì a poco gli One Direction comparvero a un evento promozionale organizzato a Parigi, dove vennero presi d'assalto dalla folla appena arrivarono con il treno alla Gare du Nord e dovettero affidarsi al servizio di sicurezza per tenere indietro le fan – il che stava ormai diventando la norma. Harry, in particolare, era al centro dell'attenzione, e fu quasi aggredito dalle ragazze che volevano

avvicinarsi a lui davanti all'entrata del party che la Sony Belvedere aveva organizzato all'Arts Club di Londra. Nel frattempo erano stati messi in vendita i biglietti per il tour di marzo 2013, e andarono esauriti così in fretta da costringere gli organizzatori ad aggiungere altre date. Ancora una volta i social network vennero usati per far salire l'interesse del pubblico: "Stiamo aggiungendo altre date e altri concerti più in fretta che possiamo! Continuate a provarci, ragazzi!" twittarono gli One Direction, scatenando risposte a non finire da parte delle directioner. "Sono riuscita a prendere i biglietti e sono felicissima!" scrisse una fan di nome Laura sulla pagina di facebook degli One Direction. "Amo gli 1D!" postò un'altra, Caitlin Mahon. "Non vedo l'ora di vedere quei ragazzi stupendi!" disse Grace Dallimore: "Sarà il giorno più felice della mia vita!". Le fan stavano accampate per strada anche per quaranta ore (molte di loro accompagnate dai genitori), usando per due notti l'attrezzatura da campeggio sul marciapiede. "Mia figlia adora gli One Direction e io farei qualsiasi cosa per lei", dichiarò una delle madri, Sam Horrocks di Castle Bromwich, nel West Midlands, parlando anche a nome di tante altre.
Alla fine di febbraio i ragazzi ritornarono in Nordamerica e più precisamente in Canada, dove si verificarono altre scene di isteria collettiva. Tale era la foga delle fan che le autorità decisero di chiudere alcune strade di Toronto, dove i ragazzi avrebbero fatto la loro prima apparizione sulla televisione canadese. Anche lì stavano diventando rapidamente un fenomeno di massa come nel resto del mondo. Il programma in cui comparvero si chiamava

MuchMusic, e le urla in studio erano così alte che i ragazzi riuscivano a malapena a farsi sentire. Da dietro le barriere che dovevano servire a tenerle indietro, le fan lanciavano i loro regali ai cinque ragazzi e sventolavano cartelli e striscioni. Ancora una volta era un pandemonio.

Di ritorno in Inghilterra, Harry si trasferì in un nuovo appartamento: si trovava nella zona trendy dell'East End, gli era costato 575.000 sterline, ed era completo di giardino zen giapponese. Spese un bel po' di soldi anche per un'opera d'arte intitolata *If You Remember Me, Then I Do Not Care If Everyone Else Forgets* di Hayden Kays, che, significativamente, parlava di cuori infranti. "Il senso dell'opera è l'amore e la perdita. La maggior parte dei miei lavori è su questo tema, e ha a che fare con un cuore infranto", spiegò Kays al Sun. "Sono felicissimo che Harry Styles avverta una sintonia con me. Sono rimasto un po' sorpreso quando ho saputo che lo aveva comprato. Ho incontrato i ragazzi degli One Direction l'anno scorso a *X Factor*, e lui è stato il più carino di tutti. Harry andava dritto per la sua strada – gli altri brancolavano nel buio".

A Londra, però, Harry non avrebbe avuto molto tempo per rilassarsi: l'imminente tour americano stava assorbendo il tempo e le energie di tutti. I giornali si erano inventati una rivalità tra gli 1D e i The Wanted: "Glad You Came", il singolo dei The Wanted, era entrato in classifica al numero cinque, mentre "What Makes You Beautiful" non era ancora nella top ten. Max George, dei The Wanted, fu ben felice di gettare legna sul fuoco: "Non penso che il pubblico ci veda come due band simili, perché gli One

Direction sono considerati più come una sorta di band alla Jonas Brothers, che va molto in tv e sulle riviste per ragazzi", disse. "Loro vanno molto più sui giornali che in radio. Noi siamo una band che fa musica". Era un colpo basso, ma gli One Direction avrebbero avuto l'ultima parola, perché sarebbero riusciti, al contrario dei The Wanted, a sfondare anche negli Stati Uniti.

Il tour – dieci date come band di supporto dei Big Time Rush – iniziò a Chicago il 24 febbraio e li portò a Nashville, Toronto, Detroit e Washington prima di concludersi a New York. Gli impegni erano tanti, e la stanchezza si fece sentire. "Sto continuamente male – non facciamo altro che viaggiare in pullman e fare lunghi voli", disse Harry al Daily Mirror. "Quattro di noi hanno dovuto farsi iniezioni di vitamine perché eravamo a pezzi. Anch'io mi sono fatto la mia puntura nel sedere. E ho anche nostalgia di casa".

I riconoscimenti che stavano avendo, però, ripagavano di tutti quegli sforzi. Le ragazze li adoravano, seguendoli dappertutto e uscendosene con idee sempre nuove per attirare l'attenzione dei loro beniamini: a Boston cinque fan arrivarono vestite come i cinque membri della band. In effetti, quando gli 1D suonarono alla Radio City Hall di New York davanti a un pubblico di seimila persone, suscitando di nuovo raffronti con i Beatles e i Rolling Stones, erano così sovreccitati al termine dello spettacolo che si lasciarono un po' troppo andare in una sala da bowling e finirono per lanciare le bocce così forte che sfasciarono i macchinari. Ricevettero una tirata d'orecchi dalla casa discografica, ma per molti versi era inevitabile: erano gio-

vani – molto più giovani di quanto lo fossero i Beatles o i Rolling Stones a quel punto della loro carriera – ed erano appena sbarcati a Manhattan. Ovvio che erano eccitatissimi: come avrebbero potuto non esserlo?
Mentre continuavano i paragoni con i The Wanted, l'isteria collettiva che circondava la band stava, se ancor possibile, divampando ulteriormente. La notizia che sarebbero stati ospiti del *Today Show* attirò davanti agli studi della trasmissione 15.000 fan in delirio; venne aumentata la sicurezza e fu loro raccomandato di non mostrarsi in pubblico – quando Niall tentò di scattare qualche foto di Times Square, i manager gli ordinarono di rientrare immediatamente in albergo. In quel momento il loro album *Up All Night* era già in testa alla classifica di iTunes, tanto da spingere i giornalisti a chiamare di nuovo in causa la Beatlemania. I ragazzi furono i primi a riderci su, ma l'interesse che suscitavano, e il successo che stavano ottenendo, faceva di sicuro pensare ai Fab Four, anche se la loro musica era un po' diversa.
Sonny Takhar, direttore generale della Syco che li aveva messi sotto contratto, disse al Guardian che almeno una parte del loro successo era dovuto al potere dei social network. "A volte pensi che la vera star sia la canzone, ma qui non è così – è l'artista, è la band", disse. "Questa è una vera svolta. I social network sono diventati la nuova radio; finora non avevano mai determinato il successo globale di un gruppo com'è avvenuto in questo caso". Ma, naturalmente, il gruppo in questione doveva essere in grado di conquistare l'attenzione del pubblico. Quello dei social network poteva anche essere un nuovo tipo di marketing,

ma il gruppo doveva comunque essere all'altezza.
I ragazzi eran ben consapevoli di come venivano marketizzati. "Il nostro tour manager ci aveva detto che ci sarebbero voluti tre anni di duro lavoro per ottenere un buon risultato in America… perciò è incredibile che abbiamo subito fatto il botto", commentò Liam al Daily Mirror. "Twitter è stato fondamentale per farci conoscere negli Stati Uniti. Cresceva twitter e crescevamo anche noi. Le due cose andavano di pari passo. E, a livello di immagini, Tumblr ci ha aiutati molto. Ci ha fatto arrivare al successo più in fretta".
Harry aveva capito benissimo l'importanza dei social network, e sottolineava il fatto che la band curava personalmente il suo account twitter invece di assumere qualcuno per farlo. "È davvero importante per noi essere in contatto diretto con le nostre fan attraverso i social network come twitter, così loro possono conoscerci realmente", disse al Guardian. "Non avrebbe senso che ci fosse qualcuno in un ufficio a farlo al posto nostro, perché contraddirebbe il senso stesso di stare su twitter. Noi ci siamo sempre tenuti in contatto con le nostre fan, raccontando loro cosa avevamo in programma e facendo così salire l'attesa". Era una strategia vincente.
Il successo era sbalorditivo. "What Makes You Beautiful" aveva venduto più di 260.000 copie in tre settimane ed era il pezzo più richiesto nelle radio americane. Gli One Direction divennero il primo gruppo pop inglese a debuttare al numero uno in America nella classifica album, un risultato che non avevano raggiunto nemmeno i Beatles e gli Stones. Anche Harry, come chiunque altro, non riu-

sciva a crederci: “Per noi anche solo essere qui e aver ricevuto questa risposta del pubblico è qualcosa di incredibile”, disse al Daily Mirror. “Qui sono stati tutti straordinariamente carini con noi, ci hanno accolto benissimo, e il fatto che si siano interessati così tanto al nostro gruppo è fantastico. Non stiamo pensando molto a quello che faremo in futuro, adesso come adesso ci siamo ancora troppo dentro, davvero”.

Come al solito Harry non riusciva a contenere la propria personalità esuberante. Una volta che era andato ospite di una radio portò in studio una foto di Kim Kardashian, la star dei reality, e ci scrisse su qualche riga dedicata a lei per convincerla a chiamarlo. Harry era fuori di sé dalla gioia per tutto quello che stava succedendo. “Organizzeremo una festa appena ne avremo la possibilità, ma prima di tutto costringeremo Simon Cowell a tirare fuori i soldi e a portarci a cena a Los Angeles”, disse al Sun. “Siamo cinque normalissimi ragazzi inglesi. Quello che ci è capitato ha dell’incredibile. So che suona come un tremendo luogo comune, ma tutto questo è davvero fantastico – è di questo che sono fatti i sogni. Appena un anno fa eravamo cinque ragazzi che nemmeno si conoscevano. Adesso siamo tutti amici per la pelle e ci stanno succedendo delle cose meravigliose. Siamo profondamente grati a ognuna delle nostre fan e a chiunque ci abbia sostenuti in un modo o nell’altro. Vogliamo ringraziarvi tutti, siete fantastici”.

Ma lo erano anche gli One Direction. Erano diventati, in un brevissimo lasso di tempo, uno dei gruppi di maggior successo che l’Inghilterra avesse prodotto, e si stavano godendo fino in fondo la loro avventura. Da *X Factor* al primo tour in Inghilterra fino al trionfo negli Stati Uniti – nemmeno i Take That, i loro eroi, erano riusciti a fare altrettanto. E gli One Direction avevano appena cominciato.

8

Arrivano gli inglesi

I ragazzi ce l'avevano fatta. Avevano fatto la storia della musica. Erano stati il primo gruppo britannico di tutti i tempi ad andare in testa alle classifiche americane con il loro album d'esordio, e tutte le persone coinvolte in questa impresa erano al settimo cielo. Simon Cowell fu il primo a congratularsi con loro: "Non potrei essere più felice di così per gli One Direction; hanno raggiunto un risultato straordinario", disse. "Se lo meritano. Hanno le migliori fan del mondo".

Harry, inutile dirlo, non stava nella pelle dalla felicità: "È più che un sogno che si avvera, per noi. Vogliamo ringraziare tutte le nostre fan americane, una per una, per aver comprato il nostro album, e vorremmo ringraziare anche il pubblico americano per averci sostenuto così tanto".

Anche altri si prodigarono in commenti entusiastici. Olly Murs, ex star di *X Factor*, definì quel risultato "una cosa fantastica", mentre una generosa Caroline Flack twittò: "Incredibile notizia per gli 1D!!! GRANDE notizia xxx". Considerato com'era stata trattata in passato da alcuni utenti di twitter, fu una frase molto gentile da parte sua.

Giunse anche la conferma che i ragazzi sarebbero apparsi su Nickelodeon, nonché in una serie di città in giro per gli Stati Uniti, come Fairfax in Virginia, Las Vegas, Los Angeles e New York. Quello era il miglior risultato di una band britannica dal 1997, quando le Spice Girls erano entrate in classifica negli Stati Uniti al sesto posto con il loro album *Spice* – ma perfino le potentissime Spice Girls non erano riuscite a fare meglio di così.

"Mi sembra tutto così surreale", commentò Harry. "Noi siamo ragazzi normali, ma gli americani riescono a vedere che siamo davvero amici e fratelli sul palco". Giù dal palco, intanto, le cose andavano come sempre, e si mormorava che Kim Kardashian continuasse a girare intorno a Harry. In America, evidentemente, il suo fascino faceva effetto tanto quanto in patria.

Una volta che furono di ritorno in Inghilterra, il comico David Walliams intervistò Simon Cowell per l'Independent, e lui dichiarò che era molto orgoglioso di aver scoperto gli One Direction, perché non esistevano prima di *X Factor*. "All'inizio c'erano un paio di loro, Harry e Liam, che erano andati molto bene nelle loro prime audizioni, e tutti noi eravamo piuttosto delusi dal fatto che nella fase successiva, per qualche motivo, non avevano passato la selezione", raccontò. "Quando furono eliminati, io dissi: 'Mi sembra che qui abbiamo cinque ragazzi che dovremmo considerare di mettere in un gruppo", e ci vollero letteralmente dieci o quindici minuti per prendere quella decisione. E adesso, questa settimana, hanno debuttato al numero uno delle classifiche americane, come non era mai successo prima a un gruppo britannico".

Quanto all'avvenire, Cowell era molto ottimista. "Be', andiamo avanti di settimana in settimana", disse. "Non c'è dubbio: li aspetta un grande futuro. Hanno firmato con Nickelodeon, c'è un'offerta per fare un film. C'è qualcosa di speciale in questi ragazzi e io ne sono fiero, perché, e devo essere onesto, ho cinquantadue anni, e viene un momento in cui sei in uno di questi talent show e devi chiederti se la tua opinione conta ancora". Sì, l'opinione di Simon Cowell aveva contato molto in questo caso – nessuno avrebbe mai potuto prevedere un tale trionfo dei ragazzi.

Chi decisamente era meno felice erano i The Wanted, che non avevano fatto niente di paragonabile a quanto realizzato dagli One Direction ed erano stati così imprudenti da dichiarare guerra ai loro avversari. Si erano dimostrati abbastanza furbi, tuttavia, da starsene zitti e non commentare i recenti sviluppi, per quanto in un primo tempo Tom Parker si fosse lasciato sfuggire qualcosa; e nonostante i The Wanted fossero di qualche anno più vecchi dei loro rivali, gli One Direction si stavano rivelando molto più maturi. "Penso che tutto questo sia abbastanza sciocco, a essere sinceri", disse Louis intervenendo al programma radiofonico *In:Demand*. "Siamo due boyband, ma in realtà facciamo musica piuttosto diversa". Era un ottimo punto, e fu ben accolto dai The Wanted, che diedero l'impressione di essersi pentiti delle loro precedenti affermazioni. "Quando qualcuno prende le tue parole e le distorce, è come un coltello piantato nella schiena #whathappenedtothegoodguys?!" recitava un angosciato tweet. Intanto le directioner americane sembravano non averne

mai abbastanza. Quando i ragazzi comparvero in un centro commerciale di Natick, nel Massachusetts, vennero presi d'assalto da cinquemila fan. Mentre se ne stavano andando in giro in limousine per le strade di Nashville, nel Tennessee, furono inseguiti da duecento ragazze. Nonostante Harry restasse il più popolare, anche gli altri stavano lasciando il loro segno: durante una sessione di autografi a Long Island, una ragazza toccò la mano di Zayn e immediatamente svenne. "Quella è stata probabilmente la cosa più strana che ci sia mai capitata", raccontò in seguito.
Certe persone, comunque, non potevano fare a meno di essere prevenute. "Non può essere vero", scrisse la rivista Rolling Stone. "Non era appena finita l'ultima era delle boyband?" Detto questo, sottolineò la rivalità che esisteva tra i The Wanted e gli One Direction, definendola come "la rivalità tra Backstreet Boys e 'N Sync per la generazione della recessione". Altri, invece, fecero commenti molto più favorevoli. "Sono arrivati al momento giusto, poi hanno lasciato che fossero le loro fan a trasformarli in un fenomeno virale", scrisse Rachel Chang, caporedattrice della rivista per ragazzi J-14. "Le ragazzine avevano la sensazione di essere state loro a scoprirli – proprio com'era successo con Justin Bieber".
I ragazzi, intanto, si stavano preparando a partecipare ai prestigiosi Kids' Choice Awards. Non solo Harry continuava a essere il membro della band più popolare presso le ragazzine, ma ora anche i maschi stavano cominciando a copiare il suo look. E lui ricordava sempre di più un giovane Mick Jagger.

Dal canto loro, i The Wanted non smettevano di lanciare segnali di distensione. Ora Siva Kaneswaran era ben felice di tornare sui suoi passi e di sottolineare che un gruppo come l'altro avevano membri irlandesi. "Abbiamo conosciuto gli One Direction quando siamo andati a cantare a *X Factor* e loro erano appena agli inizi; sono tutti ragazzi simpatici", disse. "Ognuno dei due gruppi ha il suo stile e il suo mercato di riferimento, e c'è spazio per entrambi. Le due grandi boyband del momento hanno almeno un membro irlandese, e questo dice tutto, no? Ehi, voi, stateci bene a sentire, se volete veramente avere successo, se volete sfondare in America, dovreste sempre avere un irlandese tra di voi".

Mentre gli 1D continuavano la loro conquista degli Stati Uniti, le fatiche del lungo tour cominciarono a farsi sentire. I ragazzi erano ancora molto giovani e Harry soffriva di nostalgia: era andato via di casa soltanto da poco, del resto, ed era sempre stato molto legato alla sua famiglia. Il suo hobby era stato cucinare per loro, cosa che, al momento, non era contemplata nella sua agenda – era un po' dura pensare di passare metà del tempo a conquistare il mercato americano e l'altra metà a trafficare sui fornelli! Nonostante tutta l'eccitazione che veniva dalle nuove esperienze, in quel periodo c'era ben poco calore domestico nella sua vita. Intanto, in Inghilterra, le fan temevano che i loro beniamini decidessero di trasferirsi in pianta stabile negli Stati Uniti, ma i ragazzi furono pronti a rassicurarle, dichiarando pubblicamente che non avevano la minima intenzione di lasciare il loro paese.

A Londra, invece, Caroline Flack si stava ancora rimettendo in sesto dopo tutto il putiferio che aveva scatenato la sua relazione con Harry. Era stato "davvero brutto" trovarsi in quella situazione, disse al Sun, aggiungendo: "Tutti avevano un'opinione su me e Harry, ed è stata questa la cosa più difficile da accettare. Ho imparato una dura lezione. In futuro sarà più facile, mi terrò tutto per me". Era una lezione che anche le prossime fidanzate di Harry avrebbero fatto bene a imparare.

Circolarono poi alcune voci piuttosto bizzarre – considerando tutte le fidanzate che ci sarebbero state – secondo cui Harry e Louis Tomlinson stavano insieme, tanto che alcuni li soprannominarono addirittura Larry Stylinson (sul modello di Brangelina e di altri nomignoli del genere). Sembrava che quelle voci fossero sorte perché il pubblico americano non riusciva a capire che l'affetto esistente tra i due era basato solo sull'amicizia e su nient'altro, anche se bisogna dire che Harry e Louis avevano la tendenza a marciarci un po' su facendo finta di essere gay. "La prima cotta l'ho presa per Louis Tomlinson", disse Harry in una scherzosa intervista. "È un sentimento reciproco. Ne abbiamo parlato. Louis sa come farmi ridere". "C'è della gente che pensa davvero che io e lui abbiamo una storia", dichiarò Louis a una radio del Texas. "L'altro giorno stavo leggendo questa cosa, c'è qualcuno che pensa sul serio che io e lui abbiamo una storia. È divertentissimo!"

Louis ci scherzava su, ma era assolutamente vero che alcune delle loro fan avevano preso un grosso abbaglio. In rete c'erano dei forum a dimostrarlo: "Larry Stylinson è praticamente la storia d'amore segreta tra Louis e Harry, e loro non la ammetteranno mai, ma ogni directioner sa che esiste", scrisse una fan a un'altra. "Devi guardarti tutti i video e fare un po' di ricerche su di loro, perché sei ancora nuova e non li hai seguiti fin dall'inizio". In realtà Louis stava insieme a Eleanor Calder ormai da sei mesi, mentre lontano dai riflettori Harry rimaneva decisamente un rubacuori.

Mentre i ragazzi continuavano a farsi conoscere negli Stati Uniti, i The Wanted non erano gli unici a seguire con interesse l'evolversi degli eventi. Dopo tutti i paragoni con la Beatlemania, sir Paul McCartney sentì il bisogno di rilasciare una dichiarazione. "Ho sentito che gli One Direction stanno andando a gonfie vele in America. Buon per loro – hanno l'aria di essere bravi ragazzi. Ma ci sono così tante band che vengono etichettate come 'i nuovi Beatles'. È come il bacio della morte, per loro", ammonì McCartney durante una puntata di *Daybreak* in onda su ITV1. "Questo gli mette improvvisamente sulle spalle una spaventosa pressione, devono diventare i nuovi Beatles. Anche gli Oasis, in passato, sono stati 'i nuovi Beatles'. Ti arriva addosso un sacco di pressione, perché da un giorno all'altro devi fare tutte cose all'altezza di quelle che abbiamo fatto noi, ed era un'altra epoca. Allora diciamo semplicemente che gli One Direction sono la nuova, grande band. State facendo grandi cose in America – in bocca al lupo, ragazzi!".

Era stato gentile da parte sua, anche se non si poteva fare a meno di pensare che quella frase celasse qualcosa in più di un semplice slancio di generosità. Paul McCartney è noto per essere un uomo molto competitivo, e non dev'essere stato facile veder emergere una nuova generazione che minacciava di strappargli lo scettro, anche se lui ribadì il suo giudizio positivo sui cinque dicendo che avrebbe fatto volentieri uno spettacolo insieme a loro. Alcuni anni prima aveva scatenato un putiferio affermando che era in grado di scrivere una canzone dei Beatles meglio di Noel Gallagher, e si ebbe l'impressione che era stato felice di porre fine in quel modo alla rivalità con gli Oasis. Gli stessi One Direction erano sempre stati i primi a prendere le distanze da qualsiasi paragone potenzialmente pericoloso, ma stavano indubbiamente conoscendo un successo mai raggiunto prima da una formazione britannica. I The Wanted, nel frattempo, si erano avventurati di nuovo in un territorio rischioso, con Jay McGuiness che aveva annunciato: "Vogliamo diventare grandi star planetarie, vogliamo poter andare in qualsiasi paese del mondo e fare il tutto esaurito. Per dirla tutta, vogliamo diventare grandi come i Beatles". Ecco, certe cose sarebbe meglio tenersele per sé.

Una persona che assunse un atteggiamento più misurato, e probabilmente più giusto, nei confronti del successo degli 1D, fu il dj Paul Gambaccini: fece notare che sì, gli One Direction non erano i Beatles, ma avevano comunque realizzato un exploit. "Gli 1D hanno raggiunto un risultato incredibile con il loro album, anche per la rapicità con cui sono arrivati al successo", scrisse sul Sun. "La cosa più sbalorditiva è che in America hanno ottenuto un successo di quelle proporzioni senza avere a disposizione un singolo fenomenale. Oggi tutto questo è possibile grazie al potere dei social media… C'era anche un vuoto da riempire. Ogni generazione ha bisogno di avere la sua musica pop giovane e fresca. L'America era pronta per una nuova boyband e non ne aveva una sua. Così ora si è innamorata non di una, ma di due boyband britanniche in un colpo solo".

Dal canto loro i ragazzi non si lasciarono travolgere da quell'enorme successo. A Los Angeles presero parte alla serata dei Kids' Choice Awards trasmessa da Nickelodeon, e nel backstage conobbero Michelle Obama – Harry la fece ridere chiedendole se era difficile ordinare la pizza dalla Casa Bianca. Cantarono "What Makes You Beautiful", scatenando nel pubblico una reazione talmente appassionata che rischiarono quasi di mettere in ombra il grande Justin Bieber (che, incidentalmente, si era presentato all'evento un po' dimagrito). La loro popolarità sembrava crescere di giorno in giorno.

Lo stesso Bieber aveva subito notato i suoi rivali e ne era rimasto colpito come chiunque altro. Il suo atteggiamento di fronte all'entusiasmo che stavano suscitando fu equilibrato, ma, sebbene avesse anche lui solo diciott'anni, era già un veterano del mondo dello spettacolo e sapeva esattamente quello che i ragazzi potevano aspettarsi dal futuro. "Ognuno di loro si divertirà parecchio", disse al Daily Mirror. "Gli One Direction si presentano alla grande, cantano alla grande e, quando aggiungi a questa combinazione un tocco di accento inglese, le ragazze vanno in delirio. Certo che serve il talento, ma quello che serve soprattutto è conquistare il pubblico americano, è di questo che si tratta. Gli One Direction sono bravi ragazzi, lo sono davvero. Lo show business ha bisogno di una nuova boyband, ed entro la fine dell'anno gli 1D saranno la più grande boyband del mondo". Continuò poi accennando oscuramente al fatto che sapeva di una mega star che aveva una cotta per Harry, ma rifiutò subito di spingersi oltre e di rivelare chi era. Se era Taylor Swift, lui non lo diceva, anche se è vero che quella relazione era ancora molto di là da venire.

Finalmente, in aprile, "What Makes You Beautiful" uscì negli Stati Uniti, e subito scalò le classifiche. Circolarono voci secondo cui ai ragazzi era stato detto di non avere fidanzate per non scoraggiare le fan mentre erano così richiesti, ma in realtà niente avrebbe potuto essere più lontano dal vero. Harry, in particolare, se la stava spassando più che mai. Quando gli One Direction lasciarono l'America diretti in Australia, si venne a sapere che era uscito per un po' con un'altra donna maggiore di lui, la ventiquattrenne Sarah-Louise Colivet, una fotografa di Kildare. Fu sua madre Jacinta a vuotare il sacco: "È vero, lei ha stretto amicizia con lui. Si è presentata e ha detto che lo trovava adorabile e divertente e che era un tipo molto carino", spiegò la donna. "Lo ha conosciuto a New York – è una ragazza che sa il fatto suo, comunque, perciò non è venuta a raccontare troppe cose alla mamma. Non penso che prima di allora si fosse resa conto che le ragazze vanno pazze per Harry. – Adesso lui è andato in Australia, ma di sicuro si terranno in contatto". I due si erano conosciuti dopo un concerto della band, ma non era una storia che sarebbe durata a lungo – Harry era semplicemente troppo impegnato, troppo richiesto, e il momento non era quello giusto. Sarah-Louise fu fortunata, tuttavia, perché non fu oggetto degli attacchi che aveva dovuto fronteggiare Caroline; anzi, ricevette addirittura una serie di complimenti da parte di persone che le dissero quanto era carina e quanto meritasse di stare con Harry. Saggiamente, Sarah-Louise tenne la testa bassa e non disse niente.

Anche così, a nessuno sfuggì che aveva ventiquattro anni. Questa volta erano sei di differenza invece di quindici e Harry, ora diciottenne, si era un po' avvicinato all'età adulta, ma anche così appariva ormai chiaro che Caroline non era stata un caso isolato.

Giravano anche voci che Harry usciva con la cantante americana Lily Halpern, ma erano completamente false e fuori bersaglio. Per le directioner fu molto più interessante quando si venne a sapere che la mega star che aveva una cotta per Harry era Taylor Swift, sebbene ci sarebbe voluto del tempo perché tutto questo si evolvesse in qualcosa di più serio. I due si erano conosciuti ai Nickelodeon Awards, e Taylor – anche lei, con i suoi ventidue anni, era più grande di Harry, sebbene la differenza di età si stesse assottigliando – era rimasta molto colpita. "Taylor è una grande fan degli One Direction e ballava scatenata al ritmo delle loro canzoni mentre loro erano sul palco", riferì al Daily Mirror un testimone che era nel backstage. "Poi lei si mise a chiacchierare con Bieber e gli disse quanto trovava affascinante Harry. Justin, dal canto suo, scherzava sui suoi tentativi di tenere la sua ragazza, Selena Gomez, lontana dagli 1D, perché anche lei li adorava. Poi Taylor andò nel backstage e rimase per un po' nei pressi del camerino degli One Direction, salutandoli con un

breve ciao quando li vide arrivare. A quel punto cominciò teatralmente a farsi aria sul viso, come se vederli l'avesse lasciata senza fiato, il che fece scoppiare tutti in una risata. A lei piace davvero Harry, ma si è fatta promettere da Justin che non avrebbe detto niente in pubblico".
Dal canto suo, anche Harry era rimasto colpito. "Mi sento bene", disse. "Penso che le persone che sono state invitate stasera siano grandi interpreti, perciò il fatto che abbiano apprezzato la nostra performance è stato fantastico. C'erano Katy Perry, Selena Gomez, Ashley Tisdale. C'era anche Taylor Swift che stava ballando…". Non disse nient'altro, quella volta, ma Taylor aveva ovviamente fatto colpo. Solo che lui aveva ancora voglia di godersi la vita.
A dire il vero, Harry manifestò un certo interesse anche per la star dei reality Jillian Harris, di quattordici anni più grande di lui. La notò in un ristorante al W Hotel, attraversò disinvolto la sala e, dimostrando di non mancare certo di fiducia in sé, le chiese il numero di telefono. Per una volta il famoso fascino Styles non funzionò. "Sono decisamente troppo vecchia per te", fu la risposta di Jillian al suo giovane ammiratore, come rivelò in seguito al Sunday Mirror. "Mi chiese il numero di telefono. Era carino e adorabile, ma sembrava anche molto giovane. Mi spiace, ma non potrei mai uscire con un diciottenne. Non so nemmeno se è legale negli Stati Uniti, no? Eravamo sedute proprio dietro il tavolo di Harry. Non sapevo neanche chi fosse. Io ascolto musica country e non avevo mai sentito parlare degli One Direction, ma la mia amica sì, e me lo indicò. Quando ci siamo alzate per uscire, lui è venuto dritto verso di me e mi ha detto che gli sarebbe

piaciuto portarmi fuori a cena. Io non sapevo cosa dire. Credo di essermi messa a ridere. Poi Harry ci ha raccontato che a fine anno avrebbe fatto un concerto in Canada. Io gli ho risposto che magari io e la mia amica saremmo venute a vederlo. Lui ha detto che gli avrebbe fatto molto piacere, poi mi ha chiesto il numero di telefono. Non mi ricordo cosa gli ho risposto. Non penso di essere stata scortese. Mi sono solo messa a ridere e gli ho detto che ero decisamente troppo vecchia per lui. Comunque non mi è sembrato che se la fosse presa poi così tanto. Era molto sicuro di sé, in effetti. Harry è davvero carino, e se avessi ventun anni, gli salterei addosso. Ma ne ho trentadue, e non penso che sarebbe una bella cosa". No, quella di Jillian non era una reazione a cui lui era abituato.

L'unica cosa che rischiava di rompere le uova nel paniere degli One Direction erano gli One Direction – o meglio, per essere più precisi, una band americana chiamata One Direction che non aveva niente a che fare con la loro controparte inglese. Il gruppo e il loro manager Dan O'Leary – che era anche il padre di Sean, il cantante della band – avevano seguito l'ascesa degli 1D con gli occhi fuori dalle orbite per la rabbia: loro quel successo se lo sognavano ed erano furibondi per quella che consideravano come un'appropriazione indebita del loro nome. Decisero dunque di intentare causa a Simon Cowell e ai ragazzi, incorrendo così nella furia delle directioner.

Sostenendo che usavano quel nome dal 2009, gli One Direction americani fecero causa per un milione di dollari, più il triplo dei profitti che aveva fatto la band. "Quello è pazzo se pensa che intendiamo prenderla con calma o sederci per trattare o arretrare dalle nostre posizioni", disse Dan a proposito di Simon Cowell. "Non ci faremo mettere i piedi in testa da questo guru della musica. Gli One Direction inglesi hanno dietro le enormi risorse del signor Cowell. Noi, invece, no. Dal nostro punto di vista, noi siamo stati i primi. Abbiamo i nostri diritti, abbiamo talento, e cuore. I sogni dei miei ragazzi e i sogni della band che hanno fondato sono importanti tanto quanto i sogni della band di Simon Cowell".

Poteva anche essere così, ma aveva detto bene: lui non aveva né il potere né l'influenza di Simon Cowell. E in ogni modo, arrivati a quel punto, gli One Direction inglesi si erano definitivamente affermati, quindi per quale ragione al mondo avrebbero dovuto rinunciare al loro nome? Era un'ulteriore pressione di cui avrebbero fatto volentieri a meno, ma i ragazzi non potevano fare altro che scrollarsela di dosso e andare avanti nel loro lavoro. Le loro fan non erano altrettanto ben disposte, tuttavia, e iniziarono a spedire violente e-mail e minacce di morte, soprattutto a Dan O'Leary, che era visto come l'istigatore dell'azione legale. Sean parlò delle minacce che aveva ricevuto suo padre, ma, data la veemenza di cui le fan avevano dato prova in passato, c'era ben poco di cui sorprendersi.

In quel periodo, intanto, i ragazzi erano in Australia, dove diedero prova di essere popolari tanto quanto lo erano negli Stati Uniti. Per coincidenza, Rihanna era in Australia, in quel periodo, e fece sapere che anche lei trovava Harry davvero carino; pensava che lui avesse tutte le qualità di una popstar, e Harry, chiaramente, ne fu molto lusingato. "Questo è davvero incredibile", disse. "Mi piacerebbe da

Come tutto ebbe inizio… Ai tempi di *X Factor* gli aspiranti One Direction posano con il loro mentore, Simon Cowell.

Le voci che Harry aveva una storia con un'altra concorrente di *X Factor*, Cher Lloyd, si rivelarono false, ma i due sono ancora molto amici.

Ben presto i paparazzi
gli furono alle costole,
e Harry cominciò
a conoscere il lato oscuro
della fama.

Assediati dalle loro fan
innamorate, Harry e i ragazzi
hanno spesso avuto bisogno
dell'intervento degli agenti
di sicurezza.

Sul red carpet all'anteprima delle *Cronache di Narnia*, ancora ai tempi di *X Factor* – i ragazzi sapevano già quale sarebbe stato il loro ambiente.

Harry ha l'aria di essere a suo agio nella cucina di *This Morning*. È un uomo moderno che non si fa problemi a dire che adora cucinare e fare le pulizie!

I ragazzi sono eccitati come non mai al pensiero di iniziare il loro tour e di lanciare il loro primo singolo, "What Makes You Beautiful".

In mezzo al lusso più sfrenato… ma a Harry piace fare il pagliaccio!

Riflettori puntati su Harry Styles.

Quando si venne a sapere di Harry e Caroline Flack (di quindici anni più grande di lui), lei fu perseguitata dai giornalisti e dai furibondi troll di twitter.

Che bel bambolotto… ma gli altri ragazzi dicono che sembra Susan Boyle!

Premuroso come sempre, Harry compra il caffè a tutta la band.

Harry è incantevole ai Brit Awards con il suo cravattino troppo grande.

Sì, è tutto vero! Ancora incredulo, il gruppo stringe la statuetta del Brit Award.

Bisogna vivere finché si è giovani! I ragazzi degli One Direction sono pronti a conquistare il mondo!

La fama è un po’ come le montagne russe,
ma i ragazzi si tengono stretti l’uno l’altro.

Dopo che venne pubblicata questa foto di Harry ed Emma Ostilly, la modella ricevette così tanti insulti e attacchi che fu costretta a cancellare il suo account twitter.

Harry Styles fa vedere a tutti *what makes him beautiful* sopra uno yacht al largo della spiaggia di Chinaman, a Sydney.

Il più grande concerto che abbiano fatto finora: gli 1D si uniscono al fior fiore degli artisti inglesi per la cerimonia di chiusura delle Olimpiadi.

Non sembra più tanto carino adesso… durante il programma televisivo *Elvis Duran and the Morning Show* gli altri membri della band spingono la faccia di Harry dentro una torta, che era stata preparata per festeggiare il loro grande successo negli Stati Uniti.

Le ragazze vanno in delirio per Harry agli MTV Video and Music Awards.

Gli One Direction sollevano uno dei loro tre MTV Award, coronando il loro sbarco sulla scena musicale americana.

Come nella canzone di Katy Perry, Harry ha baciato una ragazza, e gli è piaciuto! Katy Perry ha un modo tutto suo di congratularsi con Harry per il premio che ha vinto.

Beccati! Harry e Taylor Swift vennero avvistati mentre facevano una romantica passeggiata a Central Park dopo aver visitato il famoso zoo che il parco ospita.

Gli inseparabili Harry e Taylor escono spesso insieme e non possono sfuggire alla stampa.

Harry confessa che sul palco finge di essere Chris Martin, mimando le sue movenze.

Gli 1D si esibiscono alla finalissima dell'edizione americana di *X Factor*, facendo vedere quanto si sono evoluti dai tempi delle loro prime apparizioni su un palcoscenico di *X Factor*.

Quattro risate nel backstage. Nonostante il successo, i ragazzi sono ancora i tipi alla mano che sono sempre stati.

Harry Stylish! Harry sa come conquistare il cuore di una ragazza, e ne ha conquistati in tutto il mondo!

morire uscirci insieme". In verità tutti ci stavano marciando un po' su – Rihanna e Harry? Be', naturalmente no, ma la cosa, finché durò, servì a far vendere i giornali. Nel tempo libero i ragazzi continuavano a godersela; a Sydney vennero fotografati sulla spiaggia di Manly che giocavano a schizzarsi l'uno con l'altro, mentre si susseguivano le congetture su chi sarebbe stata la prossima vittima di Harry. Essendo diventato maggiorenne, adesso poteva uscire a bere qualcosa, come fece una sera insieme a Zayn. Andarono al bar Scary Canary, e finirono per fare i giudici di una gara per eleggere miss maglietta bagnata. Emma Carrigan, una turista, assistette all'intera scena: "È stato pazzesco, andiamo lì tutte le sere e non c'è mai stata tanta ressa come quando sono entrati loro due", disse al Daily Mirror. "Erano stati all'Ivy che c'è in George Street, e Harry ha detto che lì dentro era troppo tranquillo e noioso per loro, e che lui voleva andare da qualche altra parte dove c'era più vita. La folla si accalcava intorno ai ragazzi, le fan gli si buttavano addosso. Le cose si sono messe così male che uno dei loro guardaspalle ha dovuto richiedere che un'area del locale venisse recintata. Zayn ha scelto dieci ragazze del pubblico perché andassero lì con loro, ma lui era il più calmo dei due. Quando è iniziata la gara per eleggere miss maglietta bagnata, Zayn si è limitato a seguirla e a sorridere, mentre Harry è come impazzito e continuava a urlare: 'Dai! Dai!'. Harry e Zayn erano due bei ragazzi che si stavano divertendo".
La combinazione di fascino ed esuberanza che contraddistingueva Harry si stava dimostrando davvero irresistibile, e sia di persona che attraverso il suo personaggio

pubblico Harry faceva continuamente strage di cuori. A volte aveva qualcosa di un cucciolo, mentre altre ricordava più un piccolo Jagger – in un caso e nell'altro, le donne lo adoravano, e lo adoravano pure i maschi, sebbene non sempre fossero disposti ad ammetterlo. Harry si stava trasformando nella più fortunata delle creature: le ragazze volevano *stare con lui* e i ragazzi volevano *essere lui*. Il suo contagioso entusiasmo, combinato con la sua straripante gioia per tutto quello che gli stava succedendo, conquistava chiunque. Anche gli altri membri della band stavano andando alla grande, ma nessuno quanto Harry. Il lato oscuro della fama, tuttavia, era sempre in agguato. Quando a Sidney i ragazzi intervennero come ospiti a Nova radio, furono tutti quanti molto carini con la receptionist, Anna Crotti, e Harry commentò: "È veramente adorabile. Ha dei bellissimi occhi e un modo di fare molto gentile". Allora Zayn le chiese di andare a bere qualcosa con loro, ma quando la notizia si venne a sapere, le troll apparvero nel giro di un attimo e cominciarono a postare sgradevoli messaggi su facebook e a telefonare alla stazione radio per minacciarla. E alla fine lei – che comunque aveva già una storia con qualcuno – declinò l'invito a uscire con i ragazzi.

9
Le Directioner

"Semplicemente non c'era modo che questa band potesse andare male", scrisse Lars Brandle, un giornalista di Brisbane, su Billboard.com, recensendo uno dei concerti da tutto esaurito che gli One Direction tennero in Australia. "Fin dal loro arrivo sono stati accolti da scene di isteria collettiva, e questo concerto è stato come una gigantesca esplosione di delirio. Il pubblico, formato quasi interamente di ragazzine, era eccitatissimo, come invasato. Da quando è entrato in scena il gruppo di supporto, la sala da oltre cinquemila posti ha cominciato a fare un frastuono così furibondo che avrebbe facilmente coperto quello di molti macchinari inventati in età industriale... Per quasi un'ora e mezza le giovani pop star hanno cantato e ballato, strizzando l'occhio alle fan innamorate sedute nelle prime file. È stato divertimento allo stato puro, e il pubblico, un variopinto calderone di bastoncini fluorescenti e magliette bianche degli 1D, se l'è goduto da cima a fondo".
Questo è un tipico esempio di ciò che i giornali scrivevano degli One Direction dovunque loro andassero.

Il tour si stava riscontrando un successo pazzesco sia di critica che di pubblico, anche se su quest'ultimo nessuno aveva mai avuto il benché minimo dubbio. I concerti della boyband facevano sempre il tutto esaurito nel giro di pochi minuti dal momento in cui i biglietti venivano messi in vendita, ed erano in molti che, pur senza dirlo apertamente, consideravano troppo piccoli i posti scelti per i concerti. Probabilmente, però, era meglio sbagliare per eccesso di prudenza, perché uno stadio mezzo vuoto avrebbe rischiato di rovinare la crescente fama della band. I ragazzi erano un vero e proprio fenomeno internazionale. Dovunque andassero venivano assediati dalle fan, bastava che comparissero in una nuova città per ottenere i titoli dei giornali, e continuavano a essere l'incubo degli agenti della sicurezza, sia pur non per colpa loro, dato che non potevano fare un passo senza attirare folle oceaniche. E la cosa si ripeteva dappertutto: l'attenzione e l'eccitazione che suscitavano erano tali da farli rientrare in una categoria a parte.
A mano a mano che la fama dei ragazzi aumentava, l'interesse del pubblico si estendeva anche ai membri delle loro famiglie. E proprio come Harry era diventato il membro più noto della band, così anche sua madre Anne divenne il genitore più in vista, non ultimo per via del suo account twitter che aggiornava regolarmente, sfruttando la sua nuova celebrità per raccogliere sponsorizzazioni in favore di un'iniziativa benefica che prevedeva la scalata del Monte Kilimangiaro. Anne era estremamente popolare tra le directioner: Harry fece in modo che #happybirthdayanne diventasse un trend topic su twitter, mentre

alcune fan avevano aperto delle pagine su facebook in cui la ringraziavano per aver messo al mondo Harry e le dicevano quanto la trovassero affascinante. Non erano le sole a pensarla così: tutti gli altri membri della band avevano fatto commenti sulla sua avvenenza – con grande imbarazzo di Harry – mentre il presentatore e comico televisivo Alan Carr l'aveva definita stupenda. Come tutte le donne legate in un modo o nell'altro a Harry, anche Anne dovette fare i conti con un certo numero di insulti e attacchi su internet, ma non avrebbe potuto cavarsela meglio di così: "spero che tu possa trovare la pace interiore", scriveva con la massima calma in risposta a qualsiasi commento velenoso.
Anche Anne, naturalmente, era stata travolta da tutto quello che stava succedendo al suo famosissimo figlio. "Mi emoziono ogni volta che vedo Harry in tv", confessò al Daily Mirror. "Mi sento incredibilmente orgogliosa, ed è veramente surreale vedere il mio ragazzo sul palco. In fin dei conti lui rimane sempre il mio bambino, ed è lì su un palco di fronte a milioni di persone". Milioni di persone adoranti, avrebbe potuto aggiungere. Le fan erano più devote che mai, e definivano se stesse come One Directioners e i loro eroi come 1D, seguendo appassionatamente tutto ciò che facevano. I ragazzi erano diventati un fenomeno globale, ormai, e lasciavano a bocca aperta chiunque aveva occasione di conoscerli. Forse l'unica persona che sembrò rimanere indifferente fu Madonna, che si dimostrò stranamente poco aggiornata quando le venne chiesto della band durante l'ITV1 *Daybreak*: "Gli One Direction sono un gruppo pop, giusto? Scusate".

Dopo che le fu confermato che erano un gruppo pop, Madonna continuò: "Non li ho ancora visti, no, mi spiace. Mi merito una punizione". Per la grande regina del pop che aveva saputo attraversare decenni di storia della musica, non aver sentito parlare del nuovo fenomeno che stava sconvolgendo il pianeta fu una bella figuraccia.
I ragazzi intanto continuavano a incantare il pubblico in Australia, dove vennero fotografati mentre abbracciavano alcuni koala prima di ripartire alla volta della Nuova Zelanda. Lì circolarono voci secondo cui Harry aveva rimorchiato la modella americana Emma Ostilly, dopo che i due furono visti in un bar molto trendy, il Gypsy Tea Rooms. Harry alimentò quelle voci pubblicando in rete una fotografia di lui ed Emma, e anche se quella non era destinata a essere una relazione duratura, non contribuì certo a sconfessare la sua fama di dongiovanni. Provocò, tuttavia, i soliti problemi con i troll, ed Emma fu costretta a cancellare il suo account twitter e a cambiare il suo nome su facebook. In mezzo a tutta quella vita mondana, i ragazzi riuscirono anche a infilare alcuni concerti, esibendosi ad Auckland e a Wellington e proseguendo nella loro inarrestabile conquista del mondo.
A fine aprile, dopo un periodo di grande successo trascorso negli Stati Uniti, in Australia e in Nuova Zelanda, gli One Direction ritornarono in Inghilterra, dove si disse che si sarebbero presi una pausa dopo un tour così massacrante. A essere sinceri, però, tutti erano decisi a sfruttare il momento favorevole – e un paio di settimane di vacanza fu il massimo che ottennero. Con la reputazione che si era fatto come seduttore di donne mature, Harry non riuscì a

resistere alla tentazione di fornire al Sun la sua classifica dei sex symbol internazionali: Angelina Jolie, Kate Moss e Kate Winslet erano ai primi tre posti. "Non sono uno che ha sempre pronta la battuta da rimorchio - non so mai quello che farò", aggiunse, forse un po' in malafede. Tutto quello che doveva fare era essere se stesso - il suo fascino naturale gli avrebbe garantito la riuscita.
Questo, tuttavia, continuava a causare problemi alle donne a cui veniva associato. Quando Harry ritornò nel Cheshire per rivedere la sua famiglia, venne fotografato in compagnia di una vecchia amica, Ellis Calcutt: la portò a fare un giro nella sua nuova Audi R8 coupé, e poi a prendere un caffè. Quando si cominciò a pensare che quella fosse la sua ultima fiamma, non ci volle poi molto perché su twitter si scatenassero i soliti insulti. Ellis decise di prendere il toro per le corna e spiegò su facebook come stavano veramente le cose, ricordando anche che lei aveva già un ragazzo.
"Wow, siete proprio veloci a inventarvi pettegolezzi! Io e Harry ci siamo andati a bere un caffè insieme visto che non ci vedevamo dall'anno scorso!" disse. "Siamo solo buoni amici, e lo siamo dai tempi delle superiori. Io ho un fidanzato meraviglioso che si chiama Phil, perciò potete anche piantarla di mettere in giro pettegolezzi su me e Harry che usciamo insieme, perché non è assolutamente così che è andata!" Qualcosa del genere capitò anche a Emma Horan, la cugina di Niall. Emma postò una foto di loro due su twitter e divenne immediatamente bersaglio dei troll, che la costrinsero a spiegare in rete che lei e Niall erano solo cugini e non stavano insieme, e che le altre

ragazze che aveva menzionato erano amiche d'infanzia. Ellis non fu l'unica a dover fare i conti con tutta quell'attenzione indesiderata: qualcuno venne a sapere l'indirizzo di Harry e le fan andarono ad accamparsi intorno a casa sua. Sia la famiglia che i vicini furono presi alla sprovvista, ma ora Harry era una star di fama mondiale e un sex symbol. Aveva un enorme seguito di fan, e questo è ciò che le persone nella sua posizione devono aspettarsi. Anche così, comunque, la situazione stava creando dei problemi al vicinato, per cui la famiglia abbandonò temporaneamente la casa a Holmes Chapel fino a che Harry rimase in Inghilterra.

Fu più o meno in questo periodo che si svolse una sorta di rito di passaggio. I Westlife, che si sarebbero presto sciolti, sembrarono cedere simbolicamente lo scettro delle boyband quando Nick Byrne, uno dei membri della band di Dublino, dichiarò che era contento che Niall Horan degli One Direction, un irlandese di Mullingar, e Siva Kaneswaran dei The Wanted, un irlandese di Dublino, stessero godendo dello stesso successo che avevano avuto i Westlife. "Direi che una piccola parte di me vorrebbe probabilmente avere ancora vent'anni per rifare tutto da capo", ammise con un po' di nostalgia. "Ma a un certo punto devi arrenderti – abbiamo vissuto anni magnifici, ed è tempo di cedere il passo a qualcun altro. Ci sono i The Wanted che stanno emergendo e gli One Direction, ed è una gran cosa per loro. Ho conosciuto i ragazzi di tutte e due le band, sono tipi davvero simpatici, e c'è un irlandese in entrambe le band, il che è fantastico".

Parole generose, le sue, e adesso era tempo di progettare le prossime mosse. Tutti sanno che il secondo album di una band è molto più difficile da produrre del primo, per varie ragioni. Innanzitutto, quando si tratta di band che si sono messe insieme nel modo tradizionale, succede spesso che chi scrive le canzoni abbia rimuginato su quelle del primo album per anni e anni, fino a che non sono state pronte a esplodere con tutta la loro carica di novità. Rifare tutto da capo nel giro di un anno o poco più non è così facile, perché le idee che sono entrate nel primo album hanno spesso impiegato molto tempo a prendere forma. Questo non era esattamente il caso degli 1D, ma anche così era una bella sfida trovare del materiale che fosse promettente quanto le canzoni di *Up All Night*.

In secondo luogo, naturalmente, c'era il peso delle aspettative. Come gli One Direction avevano appena scoperto con il loro secondo singolo, adesso la gente aveva un termine di paragone – ossia il loro lavoro precedente. Erano andati dritti fino in cima, risultato di per sé già difficilissimo, ma ora dovevano fare ancora meglio, e riuscire a rimanerci. Se fossero inciampati sul loro secondo album, avrebbero rischiato di diventare un fuoco di paglia, ma stavano tutti lavorando perché non andasse così. Alcune star dei reality show si erano costruite una carriera duratura – basti pensare a Susan Boyle – e, se gestiti nel modo giusto, gli One Direction avevano sicuramente le potenzialità per riuscirci.

Di sicuro era nell'interesse generale fare le cose al meglio. C'erano in ballo tantissimi soldi, insieme a un bel po' di stipendi, come chiarì subito Nick Gatfield, presidente della Sony Music UK. "Quello che potreste non sapere degli One Direction è che valgono già cinquanta milioni di dollari", disse a Music Week. "Ed è una cifra che ci aspettiamo di raddoppiare l'anno prossimo. Il team che ruota intorno a loro – e che include musicisti, stilisti, produttori, tour manager e così via – conta novanta persone. Sono novanta posti di lavoro creati da questi cinque ragazzi".

Proprio nessuna pressione, non c'è che dire. I ragazzi si rendevano comunque conto di cosa c'era in ballo. "Stiamo cercando di portare a termine il secondo album", disse Niall al presentatore televisivo Ryan Seacrest. "Al momento ci stiamo lavorando su – registriamo ogni volta che possiamo e scriviamo canzoni mentre siamo in tour. Contiamo di averlo pronto per Natale". Di sicuro la casa discografica era felice di vedere che i ragazzi spingevano per finire l'album, e offrì loro un viaggio in Svezia perché parlassero con autori di canzoni e produttori musicali, e cominciassero a incidere il disco.

Con preoccupazioni così pesanti in testa, era un sollievo, a volte, concentrarsi sulle cose frivole della vita. Da sempre Harry era noto per essere un ragazzo sorprendentemente casalingo, come spiegò in un'intervista al Daily Star. "Mi è sempre piaciuto fare le pulizie, fin da quando ero piccolo. Lo trovo rilassante e distensivo. Mi guardo perfino i programmi televisivi che ne parlano per prendere qualche spunto. So che suona un po' strano, e gli altri ragazzi mi prendono in giro per questo, ma a me piace davvero fare le pulizie – che ci posso fare? Se mai diventassi disordinato, so che mia madre mi ucciderebbe. Sono felice di dare una mano per tutto, portare fuori i sacchi della spazzatura, pulire la cucina o il bagno. So preparare una carbonara da favola. Mi fanno tutti un sacco di complimenti per come cucino. Dev'essere perché la gente non si aspetta che io sia bravo a fare una cosa del genere, ma a me piace veramente da morire".

Era una combinazione piuttosto insolita – una popstar e un dongiovanni di fama mondiale a cui piaceva anche sistemare un po' casa prima di cucinare la cena – ma si sa, lui ha una personalità molto forte e la sa portare con disinvoltura.

Sempre più spesso c'era chi diceva che Harry poteva essere tentato di lasciare la band e fare una carriera da solista: secondo alcune indiscrezioni era stato avvicinato da alcune grandi multinazionali che gli avevano proposto di fare delle pubblicità in cui ci sarebbe stato solo lui, ma rischiava di essere una strategia pericolosa in quella fase. È vero anche che Robbie Williams, dopo i Take That, aveva intrapreso una carriera da solista con successo, ma Geri Halliwell, invece, non se l'era cavata poi così bene dopo aver lasciato le Spice Girls. Gli One Direction erano soltanto agli inizi se ambivano ad avere una lunga carriera come gruppo, e correre il rischio di alienarsi le simpatie degli altri facendo qualcosa che avrebbe messo in risalto solo lui non aveva davvero senso. Per di più, stare in una band aiuta almeno in parte ad alleviare la pressione: il peso ricade su cinque paia di spalle, non uno, e vale lo stesso per tutte le esperienze che vengono condivise. Le cose funzionavano benissimo così com'erano.

Molti dei più grandi artisti sentono di dover ridare agli altri qualcosa di quello che prendono, e gli One Direction non erano un'eccezione. In maggio trovarono il tempo di incontrare Niamh Power, una bambina di otto anni con un tumore al cervello. Niamh pianse lacrime di gioia quando l'associazione benefica Rays of Sunshine organizzò una visita degli One Direction nella sua stanza al Millennium Hotel di Londra. Quel giorno scattarono un sacco di foto in cui lei si metteva in posa con tutti i ragazzi, e fu particolarmente contenta quando ricevette un abbraccio e un bacio da Harry. "Dice che non si laverà più quella guancia", raccontò sua madre Marie.

A parte le opere buone che faceva e la sua carriera di cantante, la vita sentimentale di Harry era sempre fonte di supposizioni e pettegolezzi. Secondo alcune indiscrezioni, usciva con la ventiduenne Emily Atack, che interpreta Charlotte Hinchcliffe nella seguitissima sitcom britannica *The Inbetweeners*. Le indiscrezioni vennero alimentate da un tweet che lei aveva scritto due anni prima: "Harry degli One Direction deve PER FORZA avere sedici anni?! Facciamo finta che ne abbia almeno diciotto! A quel punto ci sarebbe un'Unica Direzione in cui Harry andrebbe… in camera da letto!" Gli amici dicevano che anche lui aveva una cotta per lei, ma c'erano dei problemi. Gli One Direction si stavano preparando per un altro gigantesco tour mondiale – questa volta in spazi più capienti – mentre Emily stava tentando di passare dalla tv al cinema.

Anche così, però, gli amici sperarono per un po' che il loro flirt si trasformasse in qualcosa di più serio. "Sono la coppia perfetta, lo sono veramente", rivelò uno dei confidenti di Harry al Sunday Mirror. "Harry ed Emily sono andati avanti per un po' a conoscersi meglio e hanno tenuto la cosa riservata, ma sono molto legati. Harry ha sempre avuto una cotta per lei e sperava da tanto di mettercisi insieme, e alla fine è andata proprio così".

Non durò a lungo, tuttavia, perché il momento non era decisamente quello giusto. Verso la fine di maggio, i ragazzi fecero ritorno in America proprio mentre veniva annunciato che "What Makes You Beautiful" aveva venduto oltre due milioni di copie digitali negli Stati Uniti, un ennesimo successo di cui potevano essere fieri. Fu Louis che si lasciò sfuggire con il Daily Mirror che Harry era di nuovo sul mercato. Alla domanda se Harry usciva ancora con Emily, Louis rispose: "No, no…". E quando gli venne chiesto chi aveva avuto più fortuna con le ragazze nel recente tour in America, Asia e Australia, lui replicò: "C'è davvero bisogno che ve lo dica? Penso che sarebbe veramente ingiusto se noi la mettessimo su questo piano, scegliere le ragazze in questo modo. Ma se proprio dobbiamo metterla su questo piano, penso che quello che ha avuto più successo con le ragazze sarebbe – molto probabilmente – … Harry. Se contiamo le ragazze che ha avuto ognuno di noi? Certo che no! Sarebbe veramente una cosa squallida".

Sebbene gli One Direction fossero stati bravi a non alimentare la rivalità con i The Wanted, Louis non riuscì a resistere alla tentazione di togliersi qualche sassolino dalla scarpa. "Penso che la cosa sia stata gonfiata, ingigantita al di là delle sue dimensioni reali, non è che solo perché siamo due boyband, allora ci dev'essere per forza tra noi questa pazzesca rivalità", disse. "Speriamo anche

che continueranno ad andare d'accordo con noi. Perché, vedete, c'è potenzialmente un posto libero nel nostro tour, con cui ci esibiremo negli stadi di tutto il mondo, e loro potrebbero essere la nostra band di supporto. Poi stavo per dire qualcosa di scortese. O per fare una battuta a sfondo sessuale. Ma queste sono cose che lascio ai The Wanted". Non lo si poteva biasimare, d'altra parte, perché i The Wanted se l'erano andata a cercare.

Vi furono poi non pochi timori, espressi da alcune personalità dello show business, che gli One Direction fossero stati spinti a lavorare troppo nel tentativo del management di capitalizzare sul loro successo: "Non ho mai sentito una band che annuncia un secondo tour estivo quando non ha ancora finito il primo. È una follia – li fanno lavorare come cani, gli fanno incidere dischi come se stessero stampando banconote", disse Andy Greene, caporedattore della rivista Rolling Stone.

Ma i membri della band, come chiunque altro, volevano capitalizzare su quello che avevano costruito fino a quel momento, senza contare che erano ancora giovani e avevano un'incredibile energia. Era stato annunciato il tour mondiale del 2013: molti dei novantaquattro concerti erano già andati esauriti ed erano state aggiunte altre venticinque date in venti città americane. Anche i prezzi stavano salendo, con alcuni biglietti che arrivarono a costare 200 sterline, e questo li stava davvero mettendo nella stessa categoria dei Rolling Stones. Erano anche previste partecipazioni straordinarie e speciali sessioni di incisione, e i ragazzi avevano firmato un certo numero di contratti come testimonial con marchi come Nokia,

HarperCollins, Pokémon e Hasbro. Gli One Direction andavano avanti per la loro strada.
Gli unici veri problemi ci furono quando le fan esagerarono con l'entusiasmo. Mentre si trovavano a New York, Liam e Niall uscirono durante uno dei rari giorni liberi scortati da una sola guardia del corpo: vennero immediatamente assediati da una folla di sessanta ragazzine che li stavano aspettando fuori, e ben presto la situazione andò fuori controllo. Liam si ritrovò a essere spintonato, mentre Niall fu accidentalmente colpito al volto; quindi strapparono la maglietta di Liam e alcune ciocche di capelli a Niall. La sicurezza, coadiuvata dalla polizia, fece del suo meglio per proteggere i ragazzi, ma alcuni brevi filmati girati da persone che erano lì presenti mostrano che la situazione era del tutto fuori controllo. I poliziotti e le guardie del corpo chiedevano alla ragazze di stare indietro, ma loro non ne volevano sapere: "Non mi allontano! Mi sento veramente male a fare queste cose, ma io ti amo, Niall!"
Nel complesso, i ragazzi si rendevano perfettamente conto di quanto erano fortunati, parlavano sempre bene delle loro fan e praticamente non si lamentavano mai di niente, ma questo era davvero troppo. I due andarono subito su twitter: "Stavolta non è stata nemmeno una cosa divertente", reagì Liam. Niall la pensava come lui: "Tutto questo è assolutamente assurdo", twittò. "Ridicolo. Avevo un giorno libero. Volevo rilassarmi". Una situazione come quella avrebbe potuto diventare estremamente pericolosa; tutti e due ne furono scossi e turbati, e la band fu costretta, una volta di più, ad aumentare la sicurezza.

Harry non era presente quando si verificò quell'episodio, ma anche lui, come ognuno di loro, sapeva benissimo che le loro vite erano cambiate e che non sarebbero mai più stati liberi come lo erano stati in passato. Erano ben consapevoli, tuttavia, che a loro erano state date delle opportunità che la maggior parte della gente non si poteva nemmeno sognare. Dovevano semplicemente accettare il fatto che era necessaria una maggiore sicurezza e che non dovevano uscire soli.

Una volta di più Harry diede prova della sua indole giocosa facendo un'intervista con Nick Grimshaw di Radio1, nella quale si lanciò allegramente in ipotesi surreali: "Voglio rasarmi i capelli a zero. E adesso porto un paio di collant senza cavallo", esordì. "Tutti mi dicono di non farlo. Ma io penso che la mia popolarità dipenda dalla faccia e non dai capelli. Secondo me non sarebbe male. Stavo leggendo una rivista che parlava di uomini che indossano i collant. Sostanzialmente ti fanno sentire davvero comodo, perciò io me li metto sotto i jeans. Ora mi chiedo se per caso tu me ne puoi procurare un paio di buoni. Tipo quelli senza cavallo. Giusto perché finora ho rubato quelli di mia sorella. Il punto è che non so se sono pronto a farli vedere a tutti. Forse per un po' dovrei tenerli sotto i pantaloni. Pensi che ne facciano, tipo, di collant dorati?"

Stava facendo lo scemo, ma avevano tutti bisogno di scaricare un po' di tensione. Scherzavano allegramente dicendo che avrebbero girato un film basato su *Romeo e Giulietta* in cui Niall avrebbe fatto la parte di Giulietta – Niall diceva di essere pronto a farlo per il bene del gruppo – proprio mentre veniva seriamente presa in considerazione la possibilità che i ragazzi interpretassero un film, come avevano fatto molte volte e moltissimi anni prima anche i Beatles. Cominciarono così le riprese per un documentario, nonché per un film in 3D su un loro concerto. Si parlò perfino di un cartone animato. Nel frattempo il loro dvd *Up All Night: The Live Tour* aveva venduto 76.000 copie, facendo degli One Direction il primo cantante o gruppo della storia ad aver prodotto un dvd musicale capace di vendere più di un album arrivato al primo posto in America.

Un altro inconveniente della fama è che il passato ha l'abitudine di tornare a perseguitarti: tutti i ragazzi erano stati messi a disagio da fotografie dimenticate da tempo, ricomparse su siti come Bebo e MySpace. Niall e Louis – che avevano posato a torso nudo per vari scatti – erano i più imbarazzati, mentre gli altri se la cavarono facendoli passare per scherzi di gioventù.

A questo punto stava diventando chiaro che non erano solo le ragazzine a essere interessate agli One Direction. I cinque avevano ammesso con un certo rammarico quanto avrebbero voluto avere più fan maschi, ma in realtà era dalle madri che dovevano guardarsi, dopo che la storia di Harry con Caroline aveva probabilmente acceso in loro qualche speranza. "A volte le fan possono diventare molto esplicite, e ci sono alcune mamme che ci provano con noi", disse Harry al Daily Star. "Chiedilo a Harry – vogliono solo quello", aggiunse Louis. "Non fanno altro che stringerti e abbracciarti, e a volte la situazione diventa complicata".

Di fatto l'attenzione dell'opinione pubblica stava per concentrarsi di nuovo sulla vita sentimentale di Harry, e di nuovo per le ragioni sbagliate. Si venne a sapere che Caroline Flack non era affatto la sola donna più grande di lui ad aver attirato la sua attenzione, e il nuovo nome che era emerso si sarebbe rivelato perfino più controverso del primo. Pareva proprio che lui non potesse farci niente – a Harry piacevano le donne più grandi, e alle donne più grandi piaceva Harry – e il suo bell'aspetto unito al suo fascino disinvolto continuavano a farle cadere ai suoi piedi, una dopo l'altra.

L'interesse del pubblico si volse temporaneamente altrove, indirizzandosi verso qualcuno che era piuttosto diverso da lui: Justin Bieber. Lungi dal vedere le sue controparti inglesi come una minaccia, il rubacuori canadese era sempre andato molto d'accordo con gli One Direction e ne aveva sempre detto un gran bene. Adesso sembrava che potessero unire le forze e lavorare insieme. Sarebbe stato il sogno di qualsiasi uomo di marketing.

"I ragazzi degli One Direction sono grandi", disse al Daily Mirror. "Ci divertiamo un sacco ogni volta che usciamo insieme. Sono venuti a casa mia, e ci siamo rilassati un po' intorno alla piscina ascoltando musica. Abbiamo anche parlato della possibilità che io collabori con loro in una canzone del loro prossimo album. Sarà davvero fantastico. Gli ho anche chiesto con chi altri vorrebbero lavorare. Loro mi hanno detto, tipo, Rihanna, Katy Perry, Taylor Swift e Jennifer Lopez. Adesso non fraintendetemi, sono tutte cantanti di grande talento, ma sembra che ci sia un denominatore comune in queste scelte e, vedendo il sorriso che avevano stampato in faccia, non penso che avesse a che fare con la musica…".

In questo aveva ragione. Justin – che non è nemmeno lui uno che ha problemi con le donne – sapeva benissimo cosa vuol dire trovarsi nell'occhio del ciclone in termini di attenzioni femminili. "Di sicuro loro cinque hanno un occhio per le donne, ma anche le donne hanno un occhio per loro, il che è anche meglio per i ragazzi", commentò. "Da quel che sento, non dovrebbero avere grosse difficoltà a convincere Rihanna, Katy o Taylor a lavorare con loro… se capite cosa voglio dire. La cosa fantastica degli One Direction è che sono magari la più grande band del mondo, ma sono rimasti ragazzi normalissimi con cui è divertente uscire. Non me li vedo che cambiano. Tengono i piedi per terra e ognuno di loro può contare sugli altri".

Erano parole gentili da parte di Justin, che, naturalmente, aveva dovuto cavarsela da solo quando c'era stato da fare i conti con la fama.

La carriera dei ragazzi stava andando alla grande – anche se erano in arrivo altre notizie scioccanti sulla vita sentimentale di Harry. Sembrava che non facessero altro che accrescere la sua reputazione e l'interesse del pubblico per la band, rendendo sempre più chiaro che lui era il più grande dongiovanni della sua generazione.

10

Risky Business

Lo scenario era la stazione radio Key 103 di Manchester, il periodo l'agosto del 2011. Gli One Direction erano già diventati famosi, ma erano ancora all'inizio: stavano promuovendo in radio il loro primo singolo, "What Makes You Beautiful", e la dj era Lucy Horobin.

Lucy aveva trentadue anni all'epoca, Harry diciassette, e l'alchimia tra di loro durante la diretta radiofonica era palpabile. "Mi hanno appena raggiunto cinque bellissimi e adorabili ragazzi, e vi ho tutti per me questa sera", esordì Lucy.

"Sei particolarmente carina oggi", disse Harry.

"Grazie, Harry, lo sei anche tu", rispose Lucy.

Andarono avanti a chiacchierare così per un po'. Harry e i ragazzi dissero a Lucy che poteva venire a vivere con loro: "Puoi cucinare per noi", propose Harry.

Lucy era d'accordo.

"Che donna", disse Harry.

Era il diciottesimo compleanno di Niall, e Lucy portò la torta, i coriandoli e le trombette. "Harry, metti via la tua trombetta", disse lei.

"Wow! Mi piace questo programma!", esclamò Harry. "Mi piace *In:Demand.* Mi piace un sacco *In:Demand*". Poi si misero a cantare "What Makes You Beautiful", e durante la canzone Harry guardò intensamente Lucy mimando con le labbra le parole "I love you". Poco dopo questo incontro, i due furono visti insieme in un hotel di Manchester. Harry l'aveva fatto un'altra volta.

In realtà quella non era la prima volta che si incontravano – c'era stato un altro appuntamento radiofonico un mese prima, dopo il quale erano rimasti in contatto via twitter e facebook. Questo accadeva prima che Harry conoscesse Caroline Flack e prima che si venisse a sapere della sua passione per le donne più grandi. Ma qui s'aggiungeva un altro grosso problema, ben peggiore della differenza d'età, perché Lucy era sposata. Aveva pronunciato il fatidico sì l'anno precedente, ma lei e suo marito, Oliver Pope, stavano attraversando un brutto periodo e vivevano più o meno separati, anche se abitavano ancora nella stessa casa. Non è chiaro nemmeno se Harry sapeva che Lucy fosse sposata, ma quando un anno dopo emersero i dettagli della loro storia, la cosa sollevò un polverone. Un'altra donna più grande di lui, e per giunta con un marito. Cos'altro ci si doveva aspettare da Harry?

Indiscutibilmente i due si trovavano benissimo insieme. "Lucy sembrava fatta apposta per lui, era esattamente il tipo di ragazza – o di donna, dovrei dire – da cui lui si sente attratto", disse un amico di Harry al Sunday Mirror. "Lucy è sexy, sicura di sé, e sta facendo carriera. Ma lui non ha mai voluto una cosa seria. È troppo giovane per sistemarsi, e quando l'ha conosciuta la band era proprio sul punto di fare il botto. Harry sapeva che neanche lei cercava qualcosa di serio, e lui lo vedeva un po' come un divertimento inoffensivo".

Inoffensivo non lo era poi così tanto, a quanto pare, se non altro per il fatto che lei aveva un marito. Lucy sapeva che Oliver non l'avrebbe presa tanto bene ed era pronta a minimizzare la cosa con lui, ma un'amica rivelò che, per quanto anche Lucy la vedesse come un'avventura, era comunque molto presa da Harry. "Lei sa che non deve dirlo in pubblico, ma ha raccontato che fare sesso con Harry è stato fantastico", dichiarò una sua amica al Sunday Mirror. "Anche se aveva solo diciassette anni, lui sapeva benissimo quello che stava facendo. Harry è adorabile e Lucy si è divertita un sacco, ma non sarebbe mai diventata una cosa seria. È stato un errore. Lucy ama suo marito e vuole stare con lui. È una ragazza straordinaria, ma ha preso una sbandata per Harry e la situazione le è sfuggita di mano. In quel periodo c'erano dei problemi con Oliver, ed è successo quel che è successo. Lucy sa quanto la gente la odierà per quello che ha fatto, tanto più con uno così giovane e in vista, ma spesso nella vita le cose non sono bianche o nere. Tutti noi possiamo sbagliare, ma dobbiamo imparare dai nostri errori".

La lezione lei l'aveva imparata sotto gli occhi di tutti, ma alla fine era così che andavano le cose quando c'era di mezzo Harry. La loro storia andò avanti per tre mesi buoni e finì solo quando lui conobbe Caroline. Quando la cosa si venne a sapere, inevitabilmente i troll andarono all'attacco in forze, insultando e minacciando Lucy, proprio come avevano fatto con tutte le altre donne di Harry. Anche Lucy

venne presa alla sprovvista come le altre vittime di quelle aggressioni; si limitò a twittare una faccina triste, ma schiumava di rabbia. Il giorno seguente non si presentò al lavoro – in quel momento conduceva un programma radiofonico su Heart South Coast FM – e Jason King, che presentava il programma con lei, spiegò, con una certa mancanza di tatto, perché non era venuta. "Durante il weekend potrebbe esservi capitato di sentire dai notiziari o di leggere sul giornale qualcosa che potrebbe avervi scioccato", disse. "Vorrei confermare che le voci sono vere e che Lucy si è presa una pausa dal lavoro – per leggere *Cinquanta sfumature di grigio* e raccontarci domani che cosa ne pensa".
Tutto quello che stava capitando potrebbe anche aver indotto Harry ad assumere certi atteggiamenti un po' provocatori durante un concerto a Houston, in Texas, quando lui e Niall si protesero l'uno verso l'altro proprio come se fossero stati sul punto di darsi un bacio – non lo fecero – per quanto fosse ormai troppo tardi per distogliere l'attenzione collettiva dal fatto che a Harry piacevano decisamente di più le donne. In ogni modo, lui non era affatto pentito di quello che era accaduto. Quando il Daily Star gli chiese se c'era un limite d'età per le donne con cui sarebbe stato in futuro, rispose: "Fino all'età di mia madre va sempre bene, e lei ha quarantaquattro anni!"
Fu anche ben felice di raccontarsi un po' e di tirare fuori vecchi aneddoti della sua vita sentimentale. "Una volta ho detto a una che ero gay. E sono uscito con una ragazza che era così timida che quasi non spiccicava parola. 'Raccontami cos'hai fatto', le facevo io. E lei: 'Non molto'. Era

una che ti ammazzava la conversazione". E a proposito del peggior bacio che gli avesse mai dato una ragazza, disse: "C'è stata una che mi ha tagliato un labbro, una volta. Mi si è avvicinata un po' troppo bruscamente, mi ha schiacciato il labbro contro i denti e ho cominciato a sanguinare. C'era sangue dappertutto".

Alle fan sembrava non importare molto che Harry avesse tutte quelle donne: continuavano a tirare appassionatamente le loro mutandine a lui e agli altri ragazzi, facendo tornare alla memoria il momento d'oro di un altro grande sex symbol, Tom Jones. A un certo punto cominciarono anche a lanciare, molto più pericolosamente, iPhone e mazzi di chiavi, quasi come se non si rendessero conto che rischiavano di far del male ai loro eroi. Anche gli amici di Harry non potevano fare a meno di prenderlo in giro. "Justin è diventato molto amico degli One Direction, e io e lui sappiamo di alcune bellissime donne del mondo dello spettacolo che hanno una gigantesca cotta per Harry", disse Selena Gomez, la fidanzata di Justin Bieber, in un'intervista al Daily Mirror. "Harry potrebbe scegliere praticamente quella che preferisce tra tutte le più belle ragazze di Hollywood. Ma da quello che mi ha detto Justin, non sono le ragazze che gli interessano. Del resto credo che non si possa biasimarlo, se pensi che ci sono donne sensuali come Cameron Diaz, Eva Longoria e Sofia Vergara. Sia io che Justin abbiamo mamme ancora molto attraenti, e una volta lui mi fa: 'Harry avrebbe potuto diventare uno dei miei migliori amici, ma con tutte le donne che ha avuto dobbiamo tenerlo lontano dalle nostre mamme'".

Lucy, nel frattempo, era stata costretta a chiudere il suo account twitter – una decisione che avevano dovuto prendere molte delle donne con cui Harry era stato – mentre suo marito Oliver pensò che era venuto il momento di fornire la propria versione della storia. Lucy gli aveva già confessato tutto, perciò quando si venne a sapere non fu uno shock per lui, ma certo non era al settimo cielo, questo no. Un suo amico riferì al Sunday Mirror come stavano le cose: "Oliver era devastato. Mi ha raccontato di aver detto: 'Harry Styles? Quello stronzetto che sta con Caroline Flack?' Lucy ha annuito e ha ammesso che era accaduto… due volte. Lui non sapeva come reagire. Era senza parole". A sua volta Oliver aggiunse: "Ero furibondo. Il dolore che provavo era inimmaginabile. Non solo mia moglie mi stava dicendo che era andata a letto con un altro, mi stava anche dicendo che era andata con lui – Harry Styles. Ero distrutto. Provavo tutti i sentimenti possibili… odio, tristezza, delusione. Harry è un animale. Da quando è saltata fuori la sua avventura con Lucy, l'hanno tutti celebrato come un eroe – come un ragazzino innocente a cui piacciono le donne più grandi. Adesso i ragazzi lo prendono come modello. E le ragazze vogliono andare a letto con lui".
"Per Oliver, Harry è solo un ragazzino ricco e viziato che fa quello che vuole, quando vuole – senza preoccuparsi delle conseguenze. Solo perché Harry è giovane, non vuol dire che sia la vittima innocente di un esercito di donne mature che lo assedia. Agli occhi di Oliver sono le donne a dover stare attente. E gli uomini devono stare in guardia. È stato Harry a chiedere a Lucy il suo numero di telefono.

Lei era giù di morale per come stava andando il suo matrimonio – le è sembrato un modo di svagarsi un po'. Ma è stato Harry a fare il filo a Lucy. È stato lui a fare quasi tutto, a mandarle un sacco di sms e di tweet sdolcinati. Così, dopo aver flirtato per un bel po', sono finiti in albergo. Alla stazione radiofonica dove lei lavorava non si parlava d'altro. All'inizio Oliver ha dato la colpa a Lucy. Chi non l'avrebbe fatto? L'ha minacciata dicendo che avrebbe chiesto il divorzio. Ma quella era solo un'ipotesi, fino a che non si è calmato un po'. Anche Lucy non voleva assolutamente veder fallire il loro matrimonio. In un primo momento Ollie ha fatto molta fatica a perdonarla, ma è stato colto alla sprovvista dalla disperazione di lei". All'epoca sembrò che il loro matrimonio avesse superato la crisi, e che ne fossero usciti più forti che mai, ma tutto questo evidenziò anche il fatto che Harry non era poi così innocente come si poteva pensare.
Per non essere da meno del Sunday Mirror, il Daily Mirror scovò un altro amico che raccontò del giorno in cui Lucy disse a Oliver di Harry. "Oliver si ricorda come se fosse oggi del giorno in cui Lucy gli ha chiesto di mettersi a sedere e gli ha raccontato l'accaduto", cominciò. "Erano a casa loro a Manchester, ma conducevano praticamente vite separate. La loro unione non andava avanti come doveva ed è per questo che lei ha finito per cedere al fascino di Harry. Quando Lucy si è resa conto di quello che voleva veramente, ha raccontato a Oliver tutto quello che era successo. Non gli ha riferito la storia per filo e per segno, è vero, ma gli ha detto più o meno tutto quello che doveva sapere. È stato straziante".

La confessione avvenne nel novembre del 2011, quando Harry stava frequentando Caroline, ma all'inizio Oliver fece molta fatica ad accettare la cosa. "Quando Oliver venne a sapere della scappatella, non riusciva più a guardare la tv se c'era Harry", proseguì l'amico. "Allo stesso modo, se sentiva la sua voce, non riusciva ad ascoltare la radio. E di sicuro non aveva voglia di aprire i giornali per non rischiare di vedere la sua faccia. Fu un periodo davvero difficile. Gli One Direction erano dappertutto".
Aveva tutta l'aria di essere un episodio che tutte le persone coinvolte volevano dimenticare il più in fretta possibile.
Harry stesso stava tenendo un profilo basso. Era ancora negli Stati Uniti con il resto della band; in quel periodo si trovavano a Fort Lauderdale, dove dovevano fare un concerto, e avevano scelto saggiamente di non rilasciare commenti. Quando, di lì a poco, la band ritornò in Inghilterra, sui giornali cominciarono a comparire alcuni prevedibili titoloni del genere "chiudete in casa le vostre mamme", e l'opinione pubblica si divise su chi dei due fosse il più colpevole. Tutto considerato, Harry ne uscì piuttosto bene, e non venne etichettato come un rovinafamiglie. Nel frattempo fu visto in compagnia di un agente immobiliare mentre visitavano appartamenti e ville nell'esclusivo quartiere londinese di Primrose Hill. Adesso Harry stava guadagnando un sacco di soldi, e chiaramente voleva farne buon uso.
Girarono anche voci che c'era una nuova donna nella sua vita: Caggie Dunlop, la star del reality *Made in Chelsea*, una ventitreenne che teneva una rubrica sul sesso in un quotidiano nazionale. I due furono visti mentre uscivano

insieme da un locale notturno, anche se in realtà non era niente di particolarmente serio, mentre proprio in quel periodo gli altri ragazzi della band fecero la previsione, decisamente improbabile, che Harry avrebbe finito per restare solo nella vita. "Harry è il magico cupido", disse Liam. "La mia fidanzata me l'ha fatta conoscere lui. E anche nella storia tra Louis Tomlinson ed Eleanor Calder c'era lui di mezzo. Harry è come Hitch, il protagonista del film *Hitch – Lui sì che capisce le donne*: può trovare la donna per chiunque tranne che per se stesso. Da vecchio finirà per restare solo".

Come no. Il fascino di Harry era tale che faceva effetto su donne di tutte le età, e considerato quante bellezze seducenti e mature erano felici di ammettere una cotta per lui, Harry, se voleva, non avrebbe dovuto trascorrere più di mezzo minuto da solo in tutta la sua vita. I cinque ragazzi venivano assediati dalle fan ovunque andassero, specie lui, e quella serie di recenti rivelazioni non aveva intaccato in nessun modo la sua popolarità. Semmai l'aveva aumentata facendolo un po' passare per un *bad boy*. Era sempre alle donne che veniva data la colpa – mai a Harry, se non quando a giudicare era un marito infuriato – e così lui era più ambìto che mai. Non era come se stesse emulando i comportamenti delle popstar di molti decenni addietro, tutte a caccia di prede troppo giovani: le fidanzate di Harry andavano ben oltre l'età del consenso. Non faceva nulla che potesse offendere la generazione in causa – le donne mature erano compiaciute del fatto che un bel ragazzo come lui s'interessasse a loro. Non che Harry fosse attratto da tutte le donne più grandi, naturalmente

– di solito quelle che lui corteggiava si distinguevano per la loro straordinaria avvenenza – ma per molte era rassicurante pensare che un sex symbol ancora adolescente andava dietro a donne della loro età.
Di sicuro anche Pink, la cantante, la pensava così. "È divertente seguire il fenomeno degli One Direction e quello che succede a Harry Styles", disse al Sun. "A quanto pare, è 'innamorato' di una *cougar* – che si rivela essere una donna di trentadue anni. Quindi anch'io ho tutti i requisiti necessari per uscire con lui. Voglio dire, io stessa continuo ancora a sentirmi un po' come una diciassettenne. E non so mi sentirò mai diversa da così". Di sicuro non era l'unica a pensarla in quel modo.
Gli One Direction erano ancora una new entry nel mondo dello spettacolo, eppure il loro successo era tale che sembravano nell'ambiente da anni. Che fossero entrati a far parte dell'aristocrazia dello show business divenne chiaro quando venne annunciata la lista degli artisti che avrebbero cantato alla cerimonia di chiusura delle Olimpiadi di Londra. Ci sarebbero stati i Queen, i Take That, Annie Lennox, George Michael, i Pet Shop Boys e i Madness – tutti grandi nomi della musica. E ci sarebbero stati anche gli One Direction, le star più giovani e più nuove di quella serata, ma che stavano rapidamente diventando famosi come gli acclamati artisti accanto a cui avrebbero suonato. Com'era possibile? Come avevano fatto ad arrivare così lontano in così poco tempo? E anche se era sir Paul McCartney a chiudere la cerimonia, alcune persone come Tony Hadley, il leader degli Spandau Ballet, sostenevano che spettava piuttosto agli 1D un tale onore. "Al momento

loro sono il prodotto inglese più esportato: pop allo stato puro", disse ad Absolute Radio. "Gli One Direction con la Royal Philarmonic Orchestra, e con un coro di un centinaio di voci disposto dietro di loro. Proprio quel che ci voleva, secondo me, per le nuove generazioni".

Harry stava certamente scoprendo che la fama non è qualcosa che puoi accendere e spegnere quando ti pare. Durante una visita che fece alla sua famiglia, le fan circondarono la sua Range Rover: all'inizio fu ben contento di scendere e firmare autografi, ma quando provò a riprendere la strada verso casa, la folla non si spostò da davanti, e così fu costretto a mollare la macchina da un suo vicino e ritornare a piedi. Le fan gli davano la caccia, e alla fine dovette saltare dentro una Mini per andarsene e raggiungere degli amici. Non sembrava molto contento della cosa, ma questo è il prezzo della fama.

Continuava anche a crescere la fascinazione del pubblico per la sua vita sentimentale. L'ultima fiamma a cui la stampa lo aveva accostato era la cantante canadese Alyssa Reid, che Harry incontrò a un concerto all'Echo Arena di Liverpool. I due avevano i camerini uno di fronte all'altra e Alyssa venne fotografata mentre andava a salutare i ragazzi e poi usciva stringendo in mano un numero di telefono. Di chi era? Non aveva intenzione di dirlo. "Sì, mi sono presentata... e può essere che qualcuno mi abbia dato il suo numero di telefono", raccontò al Mirror, probabilmente ignara di quello che i troll avevano in serbo per qualsiasi ragazza che accennasse al fatto di aver conosciuto Harry. "Si dice il peccato ma non il peccatore, e io non ve lo dirò. Non posso dirvelo. Comunque non andrei mai con qualcuno di già impegnato, per cui dev'essere uno tra loro che è single". Il che significa Harry o Niall. Alyssa cominciò prontamente a seguire Harry su twitter, per poi aggiungere: "Domani faremo un altro concerto, per cui forse farò io la prima mossa, a quel punto. Non dovrei dirvelo, ma mi piacerebbe molto cucinare per lui – petto di pello ripieno agli asparagi con salsa olandese. Questo si chiama prendere un uomo per la gola".

Intanto il lavoro continuava, in tutte le sue numerose declinazioni. I ragazzi servirono da mangiare e da bere su un volo della British Airways per raccogliere fondi per l'organizzazione benefica Comic Relief: otto fan avevano vinto il biglietto per un viaggio da Londra a Manchester, a cui venne dato il numero di volo BA1D. Il viaggio si svolse senza incidenti, non ci furono disordini né trambusto, il che fu un vero sollievo per tutti coloro che erano a bordo.

A quanto si raccontava in giro, il nuovo interesse di Harry era la top model Kate Upton, che, quando le era stata mostrata una sua foto, aveva detto che lui era il più carino dei cinque. Chi sarebbe stata la prossima? Si fecero varie congetture fino a che Harry venne visto lasciare un locale con un'altra modella, la diciannovenne Cara Delevingne. In seguito vennero fotografati insieme all'Omega House, un esclusivo club olimpico per vip nel West End. Bisognava sicuramente riconoscergli un pieno di energia – è già una fatica seguire la sua vita sentimentale, figuriamoci condurla.

L'atteggiamento tranquillo e rilassato di Harry costituiva una componente importante del suo fascino. Non faceva alcun mistero del fatto che gli piaceva passare gran parte del suo tempo completamente nudo – anche se è interessante notare che quando i ragazzi vennero invitati a posare senza vestiti, lui si fece d'un botto timido. Un testimone che ha potuto vedere quanto a Harry piaccia spogliarsi è il cantante Ed Sheeran, a cui una volta i ragazzi diedero un passaggio nel loro camper. "Mi sono voltato e Harry si era spogliato completamente, e stava seduto lì davanti a me che rideva", raccontò al Daily Mirror. "È andata letteralmente così: stavo guardando fuori dal finestrino le macchine che passavano. Mi volto, tutti i ragazzi sono come scioccati e c'è lui che se la ride, completamente nudo". I ragazzi potevano anche essere scioccati, ma cominciavano ad abituarsi: c'erano un sacco di storie sui suoi bagni in mare nudo e sulla sua mania di stare senza niente addosso nelle stanze d'albergo. L'unica cosa di cui meravigliarsi è che Harry non sia mai stato fotografato senza vestiti.

Intanto continuavano a girare molte indiscrezioni su Cara, e la coppia aveva davvero l'aria di essere ben assortita. Cara è una delle modelle di maggior successo del momento: la sua agente, Sarah Doukas, ha detto di lei: "Ha un viso bellissimo e una personalità interessante, come sua sorella maggiore Poppy. È adorabile e piena di talento. Ha la capacità di portare una ventata di energia in una stanza piena di gente noiosa e di far dire a tutti: 'Chi è quella ragazza?'". Cara aveva anche molto successo come modella: lavorava con stilisti come Karl Lagerfeld ed era anche il volto della Burberry, senza contare che, sorprendentemente, aveva più o meno la stessa età di Harry. Come poteva non piacere? Intanto era stato annunciato che Lucy Horobin e suo marito stavano divorziando, ma anche se il nome di Harry venne ritirato fuori, era passato abbastanza tempo perché lui non fosse più ritenuto responsabile della separazione. E aiutò anche il fatto che in quel periodo Harry stava frequentando una serie di ragazze di un'età più vicina alla sua.

Con tutto quello che stava succedendo, era facile dimenticare il motivo per cui i ragazzi erano lì: cantare. Gli uomini d'affari tutti d'un pezzo che gestivano la loro carriera potevano essere scusati se erano sovreccitati come le fan, perché i dati delle vendite erano strabilianti. In meno di un anno gli One Direction avevano venduto dodici milioni fra singoli, album, dvd e blu-ray in tutto il mondo, una quantità davvero impressionante. Per l'esattezza, si trattava di otto milioni di singoli, tre milioni di album, e un milione di dvd e blu-ray; stando all'Official Charts Company, erano stati venduti, nel solo Regno Unito, 1.170.000 singoli, 660.000 copie dell'album *Up All Night* e 61.000 dvd e blu-ray di *Up All Night – The Live Tour*; "What Makes You Beautiful" aveva fatto da solo quasi 700.000 copie, mentre "One Thing" si piazzava al secondo posto con 154.000.

Con vendite di questo genere le case discografiche prendevano i ragazzi quanto mai sul serio, non c'è dubbio. Qualsiasi timore che li stessero facendo lavorare troppo poteva essere fugato dal fatto che era chiaramente nell'interesse delle case discografiche non ammazzare la gallina dalle uova d'oro. Nella tv dei reality show non c'era mai stata una storia di successo come quella degli 1D: nemmeno la formidabile Susan Boyle era riuscita a raggiungere quei risultati. Mai il giudizio di Simon Cowell era stato tanto confermato dai fatti, ed era straordinario pensare che solo per mezzo di un reality i ragazzi erano arrivati a mettersi insieme. Il fatto che negli Stati Uniti avessero avuto un successo di quella portata era solo la ciliegina sulla torta, e a questo punto era pienamente lecito aspettarsi che sarebbero giunti ancora più in alto. Perez Hilton, il blogger che fa gossip sui personaggi dello show business, lanciò allarmanti avvertimenti che un giorno gli One Direction si sarebbero sciolti – destino comune a molte boyband – ma adesso come adesso, perché avrebbero dovuto farlo? I ragazzi non erano stupidi. Sapevano di aver avuto in sorte un'opportunità eccezionale, e non avevano la benché minima intenzione di sprecarla.

E vogliamo parlare dei vantaggi di essere una popstar? Be'... anche se Harry non fosse stato una popstar, non avrebbe avuto problemi a sedurre le donne, perché è affascinante e attraente, e ha un qualcosa di indefinibile che con l'altro sesso funziona come una calamita. Adesso, in ogni modo, frequentava modelle e attrici, certe rinomate bellezze inglesi e alcune delle donne più richieste di tutta Londra. Conosceva la materia, e non poteva fare a meno di parlarne – di come si flirta, di come si corteggia, e di quello che lui cercava in una ragazza.

"La parte più divertente è il corteggiamento, per cui se parli con me, fatti un po' desiderare", disse alla rivista Top of the Pops. "Penso che sia eccitante quando trovi una che ti respinge. Non vuoi che una donna ti dica subito di sì, giusto? Credo che uno debba essere molto cool per essere bravo a flirtare – e a me non sembra di essere poi così cool!"

A lui forse non sembrava di esserlo, ma milioni di fan erano di tutt'altro parere. Il ragazzino del Cheshire era diventato una megastar internazionale, uno dei personaggi più affermati e ricercati del pianeta. Stentava a credere alla fortuna che aveva avuto – e lo stesso valeva per gli altri membri della band, nessuno dei quali era a corto di ammiratrici. In qualche modo, comunque, lui restava con la testa sulle spalle e riusciva a gestire tutto quello che comportava la sua fresca fama. Quello che sarebbe stato fatale a questo punto sarebbe stato permettere che il successo gli desse alla testa, mettersi a recitare il ruolo arrogante della rockstar, e dimenticare che faceva parte di un gruppo che doveva rimanere unito. Gli One Direction avevano l'uno bisogno dell'altro.

E così uno dei gruppi britannici di maggior successo della storia recente iniziò a guardare avanti e a fare progetti per il futuro. L'assalto agli Stati Uniti era appena cominciato e lì c'erano ancora un sacco di cose che loro non vedevano l'ora di realizzare. C'erano cerimonie di premiazione a cui prendere parte, dischi da incidere, ragazze da conoscere, posti dove andare, gente da vedere… Per Harry e i ragazzi non mancavano certo i progetti su cui concentrarsi. Stavano conducendo una vita dorata: erano ancora molto giovani, ma avevano i soldi, la fama, e tanti grandi progetti davanti a loro. Stavano cominciando a frequentare altre celebrità del loro calibro – in agosto riuscirono a organizzare una notte di baldoria con Tulisa – e assaporavano quel momento. E anche se tutta l'attenzione che ricevevano poteva essere non sempre facile da gestire, i ragazzi avevano abbastanza buonsenso da rendersi conto che la loro vita era diventata qualcosa di assolutamente straordinario.

11

Raccogliere i frutti

Potevano diventare più famosi di così gli 1D? Di certo la loro stella brillava più che mai. Nell'agosto del 2012 andarono all'anteprima di un film e lì si imbatterono nel loro mentore di un tempo, Nicole Scherzinger. Quando la conobbero a *X Factor*, lei era una star assoluta e i ragazzi furono davvero fortunati che si fosse interessata a loro; in meno di due anni, però, i ruoli si erano invertiti. "È completamente assurdo", disse Nicole al Sun. "Quella era la mia anteprima di *Men In Black*, e loro mi hanno praticamente rubato la scena. Io gli facevo: 'Scusate, ci sono io nel film, toglietevi di mezzo, grazie'. Ho dovuto farglielo notare". Era ormai un fatto incontrovertibile, quei cinque erano delle vere e proprie star.

Harry adorava tutto di quella vita: parlare dei pomeriggi di shopping "tra uomini" ai famosi grandi magazzini Liberty di Londra, flirtare con le fan e praticamente con tutto il resto del genere femminile, e cominciare a raccogliere i frutti degli ultimi due anni di lavoro. Secondo alcune indiscrezioni Harry stava realizzando una serie di investimenti immobiliari e mettendo insieme un'impressionante collezione di automobili, per non dire poi di un notevole catalogo di donne. E i giornali si divertirono non poco a tentare di mettere in relazione Harry e la sua passione per le donne mature con *Cinquanta sfumature di grigio*, il romanzo erotico di E.L. James, che riscuoteva molti consensi tra le donne di mezza età. Che un adolescente, membro di una boyband, dovesse offrire a una donna matura il suo momento di gloria era qualcosa di piuttosto strano, ma non c'era niente di Harry e degli One Direction che rientrasse nella norma.

Anche le ragazze continuavano ad adorarlo. Gli 1D parteciparono al V Festival e all'inizio si mescolarono agli altri ospiti nel VIP Louder Lounge, ma vennero assediati da così tante fan che alla fine furono costretti a battere in ritirata nel backstage. Rimase lì solo Liam, ma era venuto con la sua fidanzata, e questo contribuì probabilmente a metterlo al riparo da tutte quelle spasimanti. "Sì, siamo stati un po' assaliti dalle ragazze", disse allegramente. "Gli altri hanno tagliato la corda".

Un'altra persona la cui vita era del tutto cambiata nel corso dell'ultimo anno era Caroline Flack. Si era vista costretta a trasferirsi in un altro appartamento perché quello che aveva prima si affacciava direttamente sulla strada, il che significa che lei doveva passare attraverso uno schieramento di giornalisti ogni volta che usciva dalla porta principale. Girò voce che i due erano di nuovo in contatto, cosa che lei si rifiutò di confermare o smentire, ma era comunque ritornata su twitter da quando era cessata la campagna denigratoria contro di lei. Nel complesso era stata un'esperienza veramente assurda.

“Vivrò la mia vita come voglio io”, disse al Sun in un’intervista a viso aperto in cui ripercorreva tutto quanto le era accaduto nell’ultimo anno. “E non giudicherò mai gli altri perché vivono la vita che vogliono. L’ultima cosa che intendo fare è vivere la mia vita in base a come vogliono gli altri. E non smetterò di stare su twitter. Mi piace. Lo uso per divertirmi un po’ e i miei follower sono adorabili. In mezzo a loro ci sono moltissime directioner. Perciò non è che tutte le loro fan, insomma... è una minoranza”.
Adesso, in effetti, Caroline riusciva a scherzare su tutto quello che le era accaduto. “Il tweet migliore che ho ricevuto diceva: ‘Vaff***, non ci riesco a credere che esci con il mio ragazzo, spero che ti sbrani un elefante inferocito’”, raccontò Caroline. “Un elefante inferocito? Ma ti rendi conto, questa gente se ne sta davanti al computer e probabilmente la metà delle volte non pensa nemmeno che tu lo legga, quel tweet. Io credo che nessuno si meriti mai di essere insultato e molestato. È inaccettabile”.
Zayn, amico di Harry e suo compagno nella band, non avrebbe potuto essere più d’accordo, perché, se Caroline sosteneva di essere comunque felicissima di continuare a twittare, lui decise al contrario di lasciare twitter – aveva circa cinque milioni di follower – dopo essersi stancato di insulti e attacchi. Le fan erano distrutte – ancora una volta una ristretta minoranza aveva rovinato tutto. Non durò a lungo, però. Il giorno dopo aver chiuso il suo account Zayn era già di ritorno. E così le fan rivolsero la loro attenzione a Harry, anche se non su twitter – un gruppetto di ammiratrici armate di pistole ad acqua lo

bagnarono dalla testa ai piedi, facendo ridere tutti di gusto, anche se Harry si lamentò poi su twitter che aveva avuto "un po' freddino".
Caroline, intanto, sembrava star bene, ora che si era lasciata Harry alle spalle. In un'altra intervista, stavolta con il Daily Star Sunday, fu felice di tornare sull'argomento, confermando che erano davvero in contatto. "Per un certo periodo siamo stati molto legati, ma quella è una cosa tra me e Harry", disse, ribadendo quello che si sapeva già molto bene. "Poi abbiamo deciso che era meglio essere solo amici. Harry è adorabile. È una bella persona. È stato gentile con me, come io lo sono stata con lui. Siamo ancora amici, è un ragazzo molto sveglio e mi fa divertire un sacco".
A quanto pareva, Harry aveva l'ammirevole capacità di restare amico delle sue ex, perché, a dispetto del fatto che ce ne fossero ormai un bel po', nessuna di loro sembrava parlar male di lui. Intanto veniva visto in giro dappertutto. Prima al Reading Festival, dove fece amicizia con Florence Welch, che intonò "What Makes You Beautiful" durante gli esercizi di riscaldamento per la voce, poi al G-A-Y nel West End, e lì venne fotografato mentre rideva e scherzava e poi mentre lui e Nick Grimshaw, dj di Radio 1, giocavano a tirarsi addosso la roba da mangiare. La giornata si concluse con una puntatina al celebre locale notturno Funky Buddha a Mayfair, una lussuosa zona nel centro di Londra, per festeggiare il diciannovesimo compleanno di Liam. Harry stava diventando ormai un uomo di mondo.
Più o meno in questo stesso periodo venne annunciato

che “Live While We’re Young” sarebbe stato il prossimo singolo; il brano balzò prontamente in testa alle classifiche delle prenotazioni in quaranta paesi del mondo, il che era davvero un risultato incredibile per un singolo che non aveva ancora mai ascoltato nessuno. Il titolo del nuovo album venne reso noto da Liam su twitter – si sarebbe chiamato *Take Me Home*. Più tardi vennero pubblicate alcune immagini della copertina, in cui si vedevano i ragazzi arrampicarsi su una cabina del telefono. Si parlava anche di preparare una coreografia per il prossimo singolo, una cosa di cui i ragazzi non avevano ancora molta pratica. Fu una mossa saggia: se volevano emulare i grandi Take That, prima o poi dovevano imparare a ballare.

Harry, nel frattempo, aveva cominciato ad appassionarsi ai tatuaggi, e se n’era appena fatto uno nuovo – “17 Black” – sulla clavicola. I manager della band non erano affatto preoccupati della cosa: tenevano sempre d’occhio l’immagine della band, ma fino a quel momento Harry non aveva mai esagerato e non c’era stato bisogno di dirgli niente. Insieme agli altri quattro, stava diventando un personaggio da fumetto – letteralmente. Erano infatti diventati protagonisti di un volume che usciva nella collana *Fame*, dedicata alle biografie dei personaggi famosi, anche se alcuni osservarono che in quel fumetto la famosa chioma fluente di Harry non era favolosa come nella vita reale. I cinque ragazzi firmarono anche un contratto con la Pepsi, seguendo le orme di Madonna, Michael Jackson, David Beckham e Britney Spears, e aggiungendo qualche altro milione di sterline al loro conto in banca.

Nel settembre del 2012 si concluse finalmente la controversia riguardo al nome del gruppo, e agli One Direction inglesi venne riconosciuto il diritto di continuare a usare il loro nome. La Syco di Simon Cowell aveva sporto una controquerela, accusando gli One Direction americani di voler trarre profitto dal successo della band inglese, e li aveva costretti a ritirarsi dalla causa. La band di Harry, Liam, Louis, Niall e Zayn ottenne il diritto di continuare a usare il proprio nome, mentre il gruppo americano dovette cambiare il suo, optando per Uncharted Shores. Entrambi i gruppi emanarono dei comunicati stampa in cui si dichiararono soddisfatti dell'esito della causa, anche se la band americana rivelò di essere stata oggetto di minacce di morte e di lettere intimidatorie da parte delle directioner. Nessuno ne fu particolarmente sorpreso – dato il trattamento che in rete era sempre stato riservato a chiunque parlasse male della band, era inevitabile che ci sarebbe stato qualche genere di ritorsione contro il gruppo americano –, ma il trionfo in tribunale rallegrò più che mai Harry; era lui ad aver trovato il nome, dopo tutto, e in quei mesi aveva insistito sul fatto che non dovevano assolutamente rinunciarci. Adesso era stata fatta giustizia. Il nome era loro, e avrebbero continuato ad andare avanti come One Direction. Anche i loro manager erano sollevati. Cambiare nome a quel punto, e dopo un successo di quelle proporzioni, sarebbe stato una catastrofe dal punto di vista del marketing.

Solo un paio di giorni più tardi i ragazzi emersero trionfanti dai Video Music Awards di MTV. Quella sera portarono a casa più statuette di chiunque altro, surclassando i The Wanted e conquistando i premi per il Miglior Artista Emergente, il Miglior Video Pop e il Video Più Condiviso. Harry era sconvolto: "Quello che è successo ha dell'incredibile", disse. "L'esibizione di stasera è stata la più importante che abbiamo mai fatto. Per noi, innanzitutto, già essere qui è fantastico, ed esibirci su questo palco e vincere tre Video Music Awards è stato straordinario". Sembrava davvero frastornato da quei successi, e chi poteva biasimarlo? Gli MTV Awards sono il premio più famoso che ci sia nel mondo della musica e vengono assegnati ai migliori professionisti del settore, e adesso gli One Direction erano stati pubblicamente acclamati e riconosciuti da tutto lo show business. Gli altri vincitori di quell'anno comprendevano Rihanna, Chris Brown, i Coldplay e Lil Wayne – in altre parole, alcuni dei più grandi artisti in circolazione. E gli One Direction avevano fatto meglio di tutti.

Non sorprende che i ragazzi si sentissero travolti dall'emozione. "Siamo cresciuti guardando questo show, e per noi anche solo essere qui è un onore", disse Niall. La loro interpretazione agli MTV Awards aveva fatto andare in delirio il pubblico più di quella di chiunque altro, tanto che anche la nazionale americana di ginnastica, presente alla premiazione, si mise a cantare sulle note della loro canzone; un Simon Cowell assolutamente estasiato twittò: "Complimenti 1D. Sono molto fiero di voi. Festeggiate!" Quello era un grande trionfo per lui come lo era per gli One Direction. Non solo la sua etichetta avrebbe beneficiato dell'aumento delle vendite che ne sarebbe inevitabilmente conseguito, ma lui in particolare consolidava la sua reputazione come personalità tra le più influenti dell'industria discografica. Dopo quella sera, qualsiasi ipotesi che Simon Cowell potesse fare un passo indietro a *X Factor* e smettere di avere un ruolo di primo piano nella scelta dei concorrenti venne decisamente accantonata: Simon, probabilmente, non aveva mai preso una decisione migliore in vita sua.

I ragazzi furono bravi a non vantarsi della vittoria, ma anche i The Wanted erano stati in corsa per il premio di Miglior Artista Emergente. Alla fine la presero bene, andarono sul palco a presentare un premio per Nicki Minaj e, ben lontani dalle telecamere, strinsero la mano a tutti gli One Direction. In effetti sembrava esserci spazio per entrambi i gruppi e per i loro stili marcatamente differenti, anche se non c'era davvero alcun dubbio su quale fosse la band più popolare del momento.

La cerimonia degli MTV Awards si era tenuta a Los Angeles, e il giorno dopo Zayn fu visto camminare zoppicante con un paio di stampelle, mentre Harry affittò una Ferrari nera e andò in giro per la città. Una volta tornato a Londra, mise le mani sulla sua prossima auto, una Jaguar E-type d'epoca, l'ultima arrivata di una collezione che adesso comprendeva una Porsche, un'Audi e una Range Rover. I suoi detrattori storsero la bocca – tutti quei soldi! – ma perché no, in fondo? Quando David Beckham divenne famoso, anche lui si mise a spendere e spandere comprandosi qualche fuoriserie, e dato che Harry stava investendo i suoi soldi anche nel mattone, doveva essergli sicuramente concesso di spendere una parte di tutto quello che guadagnava in qualcosa di frivolo.

Praticamente qualsiasi cosa lui facesse diventava di dominio pubblico: nell'era dei cellulari con la telecamera e di twitter, ben poco rimane privato a lungo. Questo era una continua fonte di stress, e una persona che sapeva esattamente come ci si sente era Robbie Williams. Divenuto ormai, a trentotto anni, un solido veterano dello spettacolo, era convinto che ai suoi tempi essere una popstar molto in vista era più facile sotto vari aspetti.
"È naturale che un ragazzo che fa parte di una boyband venga prima o poi paragonato a me", disse in un'intervista al Sun in cui finì per sembrare un po' la versione giovane di sir Paul McCartney. "Ognuno di noi è un Don Giovanni o una Marchesa di Merteuil, qualunque cosa ne pensiate. Lui si sta solo divertendo. Io guardo Harry con lo sguardo amaro di uno che sta invecchiando, uno che si è accasato e non può più fare tutto quello che faceva un tempo. Ma devo dire che ho anche un grande affetto per lui e per gli One Direction. Se devo mettere le due cose sul piatto della bilancia, l'affetto è più dell'amarezza – ma c'è anche dell'amarezza, sì".
Robbie Williams stava chiaramente scherzando, ma subito dopo disse una cosa seria. "Mi dispiace un po' per Harry", dichiarò. "Alla sua età ero in questa band tutta acqua e sapone, i Take That. Ma poi mi vedevo con gli amici, saltando fuori dal pullman del tour alle stazioni di rifornimento e infilandomi in un vecchio furgoncino Transit. Ogni volta che avevo la possibilità di uscire la sera e andare nei locali, ci andavo. Andavo al Miss Moneypenny di Birmingham, o all'Hacienda di Manchester. Non è più un segreto ormai, ma lì mi sballavo di brutto, eppure

potevo mantenere lo stesso l'anonimato. Nessuno aveva il cellulare con la telecamera, perciò potevo andarci e divertirmi come volevo. Harry si sta accorgendo che non è così facile per lui".

No, non lo era davvero. E non solo Harry rischiava di essere fotografato ogni volta che metteva il naso fuori di casa, ma c'era anche tutta una serie di nuove complicazioni da affrontare di cui le popstar di un tempo non dovevano preoccuparsi. Non erano solo le ragazze associate ai membri della band a ricevere minacce di morte, ma anche loro stessi. C'era bisogno della presenza costante del personale della sicurezza, e non solo a causa di qualche psicopatico; anche le fan più appassionate potevano diventare un pericolo – la mera forza del loro numero poteva provocare facilmente un incidente. I social network non facevano altro che peggiorare la situazione: la notizia dell'avvistamento di uno dei cinque poteva diventare virale nel giro di pochi secondi, spingendo le fan che abitavano in quella zona a uscire di casa per andare a vedere i loro eroi, così che l'incontro con qualche directioner si trasformava rapidamente in un vero e proprio assedio. Perfino lo shopping doveva essere sorvegliato e seguito dagli agenti della sicurezza.

A volte l'attenzione che circondava i ragazzi si tramutava in farsa. Sarah Cox, una donna delle pulizie di 37 anni originaria di Melksham, nella contea di Wiltshire, rimase un po' sconcertata quando si ritrovò bombardata di messaggi d'amore dopo aver ricevuto in regalo un nuovo cellulare. Saltò fuori che il suo Blackberry Bold non era proprio nuovo; era un modello ricondizionato che in precedenza apparteneva a Niall Horan, e anche se Niall lo aveva restituito entro quattordici giorni, le fan erano riuscite ad avere il suo numero e lo avevano fatto girare in tutto il mondo. Alcune si rifiutavano semplicemente di credere che quel numero non apparteneva più a Niall, e accusarono Sarah di averlo rubato. Alla fine la compagnia che aveva messo in commercio quel cellulare, la O2, fu costretta a fornire a Sarah un altro apparecchio.

Guardando gli aspetti positivi, la loro vita nel mondo dello spettacolo continuava a gonfie vele. James Corden, il celebre attore e presentatore televisivo, aveva deciso di sposarsi, e il suo testimone di nozze, Ben Winston, convinse tutti e cinque gli 1D, e insieme a loro Paul McCartney, Robbie Williams, Gary Barlow e gli Snow Patrol, a fare una serie di brevi cammei in un video, incidendo ognuno un verso di una canzone che Corden aveva scritto da ragazzo. Harry comparve anche alla sfilata di Burberry durante la settimana londinese della moda, dove venne fotografato mentre sedeva accanto alla regina del burlesque Dita Von Teese – con grande delusione dei media, però, i due non cominciarono a uscire insieme. Quella sì che sarebbe stata una *cougar* su cui c'era da scrivere! Erano presenti anche sir Jonathan Ive della Apple e il campione di tennis Andy Murray, il che diede adito all'ipotesi che la Burberry avesse voluto tutte quelle celebrità per promuovere con maggior forza la propria immagine internazionale. Per dirla in due parole: Harry era in grado di far fare a un prodotto un "salto di qualità", il che poteva avvenire attraverso le vendite dei dischi, i contratti di sponsorizzazione o magari la sua semplice presenza a una sfilata.

Naturalmente c'era anche un'altra ragione per cui Harry si presentò alla sfilata di Burberry, ed era Cara Delevingne. Lei era una delle modelle che sfilavano in passerella, e sebbene né l'uno né l'altra avessero confermato o smentito una relazione, i presenti non poterono fare a meno di notare il sottile sorriso di Harry ogni volta che compariva Cara. Lei stessa aveva risposto su twitter agli inevitabili tentativi della gente di saperne qualcosa di più: "Per favore, piantatela di fare supposizioni, non sono cose che vi riguardano", ma era improbabile che una frase del genere potesse bastare. Il mondo intero non riusciva a smettere di fare ipotesi su Harry e sulla sua vita sentimentale – da cui il perdurante interesse per Caroline Flack nove mesi dopo la fine della loro relazione – e non si poteva negare che Harry e Cara formassero una bellissima coppia. Di questi tempi, tuttavia, Harry stava imparando a essere un po' più riservato. Prima di allora non si era mai fatto grossi problemi a flirtare in pubblico – dicendo a Lucy Horobin quanto la trovava carina mentre erano in onda o mostrando una foto di Kim Kardashian con su scritto "call me maybe" – e tutto questo era sempre servito ad alimentare supposizioni e indiscrezioni, ma ora stava cominciando a rendersi conto che la vita sarebbe stata molto più semplice se avesse tenuto certe cose un po' più riservate.

Chiaramente non era ancora pronto a sistemarsi. Pixie Geldof festeggiò il compleanno dando appuntamento ai suoi amici in un karaoke bar, il Lucky Voice, nel quartiere londinese di Soho: erano presenti anche Harry e Alexa Chung. Harry e Alexa flirtarono pesantemente per tutta

la sera, e se ne andarono insieme in taxi, accompagnati da Pixie e dal suo fidanzato; alcuni, però, presero un bell'abbaglio e pensarono che Harry e Pixie fossero una coppia. Cominciarono i tweet, ma Pixie rimase completamente indifferente: "Un compleanno da favola!" twittò. "Cena, karaoke! Poi un pianoforte che suona una canzone a notte fonda!" Harry fece il brano di Justin Bieber, "Boyfriend" e mai canzone fu più appropriata: il mondo intero – o almeno una ragguardevole parte della sua componente femminile – voleva Harry come boyfriend. Lui non poteva farci niente: era ormai diventato uno dei più popolari oggetti del desiderio dell'intero pianeta.
Era anche appena comparsa una nuova biografia di Simon Cowell. Scritta da Tom Bower con la tacita approvazione di Cowell stesso, attirò l'attenzione soprattutto per le rivelazioni sulla vita sentimentale di Simon, come la sua relazione con Dannii Minogue e i sentimenti che provava per Cheryl Cole. Quello che all'inizio passò inosservato fu una notizia piuttosto strabiliante: l'ammontare totale dei guadagni degli One Direction nel corso dell'anno precedente. Bower stimò che i ragazzi avevano guadagnato solo loro quasi cento milioni di sterline, e questo non comprendeva i 200 milioni che, stando a quei calcoli, la band aveva fatto incassare a Cowell e alla Sony. Gli One Direction erano i nuovi Westlife di Simon Cowell, disse lui, aggiungendo che avevano guadagnato quasi cento milioni di sterline da canzoni, pubblicazioni, dischi, dvd, merchandising e sponsorizzazioni. "Up All Night" aveva venduto da solo cinque milioni di copie, gli 1D avevano contratti di merchandising con Nokia, Pokémon e Hasbro, e si riteneva

che il recente accordo con la Pepsi potesse avere un valore di circa undici milioni di sterline. Poi c'erano tre libri che avevano tutti raggiunto il primo posto nelle classifiche dei bestseller, un tour mondiale e il calendario 2013, il più venduto di sempre. Non c'era da stupirsi se i ragazzi stavano spendendo e spandendo in lussuosi appartamenti e, nel caso di Harry, in parecchi garage pieni di macchine costose.

Harry continuava a godersela alla grande, e venne visto flirtare con la trentasettenne cantante australiana Natalie Imbruglia al ricevimento di matrimonio di James Corden alla Babington House, vicino a Frome, nel Somerset. Stavano tutti e due nello stesso albergo, e ci furono voci, che entrambi rifiutarono seccamente di confermare, secondo cui non solo si presentarono a colazione insieme, ma furono anche accolti dagli altri ospiti con ironiche grida di incitamento. Quando fu avvicinata da un giornalista che voleva sapere se fosse vero, Natalie Imbruglia non si mostrò molto in vena di confidenze: "Perché lo chiedi a me? Va' a chiederlo a lui!", rispose. In quegli stessi giorni gli One Direction suonarono all'iTunes Festival alla Roundhouse di Londra, e i presenti notarono un sorrisino sul viso di Harry mentre cantavano "Torn", che era, guarda caso, un successo della Imbruglia. Nick Grimshaw, che era amico di Harry e sedeva tra il pubblico, non aiutò certo a tenere a freno le illazioni dei giornalisti quando twittò: 'Stanno facendo una cover di 'Torn' di Natalie Imbruglia. LOLLLLZZZZ".

Le bizze di Harry in amore non scoraggiavano le sue fan che gli erano più devote che mai, al punto che fu necessario aggiungere posti a sedere nella Roundhouse per motivi di sicurezza, in modo da evitare che qualcuno restasse schiacciato nella calca. A parte "Torn", gli One Direction proposero pezzi tratti dal loro sempre più vasto repertorio, compresi "Gotta Be You", "What Makes You Beautiful", "One Thing" e "Na Na Na", dicendo anche alle fan quanto erano felici di essere di nuovo a Londra. Avevano trascorso, dopotutto, un bel po' di tempo all'estero, specie negli Stati Uniti. Quello stesso giorno, inoltre, presentarono in anteprima il loro nuovo singolo "Live While We're Young", insieme al videoclip – il video fu distribuito prima del previsto ma fu necessario farlo, dal momento che in rete stavano già circolando copie piratate di bassa qualità.

"Live While We're Young", che entrò nella top ten in dieci Paesi, esordì al terzo posto negli Stati Uniti, il secondo miglior piazzamento a cui avesse mai debuttato un artista inglese dopo il primo posto raggiunto da Elton John con "Candle In The Wind" nel 1997. Il pezzo era farina dello stesso sacco che aveva prodotto i loro successi precedenti. Scritto da Rami Yacoub, Carl Falk e Savan Kotecha e prodotto da Yacoub e Falk, è un solare inno alla gioia di essere giovani. Nel complesso ottenne buone recensioni: Robert Copsey di Digital Spy gli diede quattro stellette su cinque, dicendo: "È qualcosa di un po' diverso da quello che abbiamo ascoltato finora, ma quando sei la più grande boyband del mondo, ben venga".

Mikael Wood scrisse sul Los Angeles Times che era "un tipico pezzo pop allegro e festaiolo con una melodia tutta imbrillantinata", mentre Andrew Unterberger

di Popdust commentò che “la canzone è furba a rubare l’assolo di chitarra che apre ‘Should I Stay Or Should I Go?’ dei Clash, proprio come “What Makes You Beautiful” riprende di peso l’inizio di ‘Summer Nights’ – chiamando a raccolta la storia della musica pop per farti esaltare con questa melodia prima ancora che tu ti renda conto del perché”.
Sylvie Lesas di Evigshed Magazine assegnò al brano cinque stellette su cinque e disse che era “solare, divertente e fresco”, aggiungendo che “le radio ne andranno pazze”. Chris Younie di 4Music lo definì “scandalosamente accattivante”, mentre Tina Hart su MSN Music sottolineò l’impiego, nella canzone, di elementi di “What Makes You Beautiful” e di “One Thing”, il che rappresenta “un vero e proprio trionfo pop… È divertente, è puro e autentico pop, e lo adoro”.
Diretto da Vaughan Amell, il video della canzone fu girato a Tunbridge Wells, nella pittoresca campagna del Kent, e si vedono i ragazzi che ridono e scherzano in un camping, giocano sul lago sopra imbarcazioni di vario genere, partecipano a una partita di calcio e, in generale, si divertono come matti. Con 8.240.000 contatti, riuscì a diventare il video di VEVO con il maggior numero di visite, battendo un record che apparteneva a “Boyfriend” di Justin Bieber (che in seguito se lo riprese con “Beauty and a Beat”). Anche il video si guadagnò recensioni decisamente favorevoli in cui veniva descritto come solare, sorridente e spassoso. Era “un’epica avventura estiva”, scrisse l’Huffington Post, “da un camping a un party sulla spiaggia”.

"Live While We're Young" venne anche utilizzata in uno spot della Pepsi, in cui si vedono Harry e Drew Brees, un giocatore di football americano, che litigano per decidere chi dei due si deve tenere una lattina di Pepsi. Ognuno rivendica i propri successi, finché Niall dice a Drew che può entrare negli One Direction se dà la lattina a Harry. Finisce con Drew Brees che si unisce ai ragazzi e canta qualche strofa di "Live While We're Young". Anche lo spot ebbe buone recensioni e diede modo ai ragazzi di dimostrare che avevano il loro insospettato talento comico. "Il nuovissimo spot della Pepsi non solo permette ai membri della band di dar prova del loro senso dell'umorismo", scrisse Jocelyn Vena di MTV, descrivendolo come un piccolo sketch comico, "ma serve anche a ricordarci che il nuovo album *Take Me Home*, che contiene 'Live While We're Young', uscirà tra meno di un mese". Be', proprio così.

12

Niente ha successo come il successo

Semplicemente i ragazzi non potevano fare a meno di vincere. Presero parte anche ai Radio 1 Teen Awards, e anche lì raccolsero un bel bottino: Miglior Singolo Britannico con "One Thing", Miglior Album Britannico e Miglior Artista Britannico. Per qualche inspiegabile motivo, trascinarono con sé una sagoma di cartone a grandezza naturale del principe Harry, che in quel periodo era su tutti i giornali perché si era spogliato piuttosto incautamente di fronte a un gruppo di nuovi amici a Las Vegas, e le fotografie che ne erano seguite avevano fatto il giro del mondo. I ragazzi intendevano mostrarsi solidali con lui? Certo quell'immagine festaiola del principe Harry ricordava molto com'erano loro – il principe e il più popolare membro degli One Direction condividevano perfino il nome, e i paragoni tra i due apparivano più che legittimi. "Stavano facendo un po' gli sciocchi e chiaramente adoravano le follie del principe Harry a Las Vegas", disse uno dei presenti. E perché no? Erano tutti ragazzi con tanta voglia di divertirsi. E questo valeva anche per qualcun altro che era presente alla premiazione quell'anno: Taylor Swift. Lei, tuttavia, un fidanzato all'epoca ce l'aveva, perciò le voci secondo cui Taylor e Harry andavano molto d'accordo li descrivevano solo come amici.

Giusto per una volta, tuttavia, i ragazzi abbassarono la guardia quella sera, e accettarono un confronto con i Fab Four. "Abbiamo guardato il film dei Beatles in cui loro sbarcano per la prima volta in America e abbiamo trovato una certa somiglianza tra le loro personalità e le nostre", disse Harry. "Anche a loro piaceva ridere e scherzare come piace a noi", aggiunse Niall.

Un altro chiaro segno del lungo percorso che la band aveva fatto si ebbe quando Harry ammise che non erano più in grado di decidere da quale parte dell'Atlantico si sentivano più a casa. "Quando siamo in America, direi che la nostra casa è Londra, e quando torniamo qua, ci sembra che la nostra casa sia qui", spiegò. "È un po' strano". È un sentimento molto comune tra gli artisti internazionali, che devono imparare a sentirsi a casa in qualsiasi posto si trovino.

Harry continuò a essere associato praticamente a ogni ragazza con cui veniva fotografato, ma, stando a quel che diceva il suo amico Will Sweeney, si stava stancando di passare da un'avventura all'altra. "Harry è in cerca di una relazione stabile", dichiarò Will al Sun. "Va alle feste con ragazze sempre diverse, ma si sente solo, e non è più questo che vuole. Le ragazze stanno da te solo per la notte. Ti diverti, ma finisce lì".

Intanto, una delle sue ex veniva ancora presa in giro per la relazione che aveva avuto con lui. Era partita la nuova edizione di *X Factor*, e Caroline conduceva di nuovo

The Xtra Factor su ITV2. Durante una delle puntate di settembre, venne mostrato un filmato di Caroline e Louis Walsh che "si sposavano" per scherzo a Las Vegas.

"Louis, voglio il divorzio", dichiarò Caroline.

"Ok", rispose immediatamente Louis.

"Dato che sono tua moglie, ho diritto alla metà di tutto ciò che possiedi, perciò mi prenderò metà dei Westlife", pretese Caroline. "Mi prenderò Kian e Mark. E voglio anche John dei Jedward".

"E a me spetta una fetta degli One Direction?" chiese Louis timidamente.

"È stata una battuta grandiosa", ammise più tardi Caroline. I ragazzi presero parte a una puntata di *X Factor* – dopo tutto, gli 1D dovevano tutto all'edizione andata in onda due anni prima. Molte cose erano cambiate da allora. All'epoca erano perfetti sconosciuti, adesso superstar internazionali. Faceva riflettere quanta strada avevano percorso. "Che sensazione strana essere di nuovo sul palco di *X Factor*", commentò un Louis pensieroso al Sun. "Oltrepassare quelle porte e andare in scena ci ha sempre resi nervosi e hai quasi l'impressione di essere ancora in gara. Essere intervistati da Dermot O'Leary ti fa tornare tutta la tensione di allora. Ci piacerebbe molto tornare qui prima di Natale. *X Factor* è la nostra casa, e gli vogliamo bene". Mentre erano lì, Harry si imbatté in Caroline – ma fu visto allontanarsi con un'altra persona. Sia lui che lei furono comunque felici di sottolineare che andavano sempre molto d'accordo: "Ci troviamo bene insieme e abbiamo ancora tanti amici in comune", disse Harry. "Molti si sono fatti l'idea che ogni volta che ci vediamo litighiamo, ma non è così".

Gli One Direction erano ormai diventati parte integrante del panorama culturale. Venne annunciato che la Razorbill, il marchio per ragazzi del gruppo Penguin, avrebbe pubblicato un libro dal titolo *Loving the Band*, scritto da una sedicenne di nome Emily Baker: era basato su una fan fiction e ispirato dagli 1D, perciò i ragazzi erano diventati anche una musa per aspiranti scrittrici. "Passiamo parecchio tempo su internet a cercare nuovi scrittori, in molti modi diversi", spiegò Lindsey Heaven, editor della narrativa a Razorbill. "Con la fan fiction c'è già una base di fan preesistente, il che è fantastico. Penso che la gente sia sempre più consapevole dei nuovi canali che si stanno aprendo, e qualunque editore serio dovrebbe essere aperto a scritture provenienti dalle fonti più disparate; dato che la fan fiction è più popolare che mai, vale la pena tenerla d'occhio". *Cinquanta sfumature di grigio* è finora la più famosa opera di questo genere, dato che era originariamente basata sulla serie di *Twilight* – adesso i ragazzi fornivano loro stessi l'ispirazione. La loro influenza, a quanto pare, si era estesa ben oltre l'industria discografica, e si sarebbe ampliata ancora.
Tornando a *Xtra Factor*, Caroline era ancora oggetto di battutacce. Aveva "una grande notizia", disse una volta a Louis. "Ti piacciono gli uomini più grandi di te?", rispose Louis.
Nel frattempo il gossip su Taylor Swift era lievitato. Secondo alcune voci, mentre era in Inghilterra, Taylor aveva programmato di andare a cena con uno degli One Direction, ma quando si venne a sapere, annullò tutto. La domanda è: quale dei cinque? "Non io", disse risolutamente Harry. E poi c'era il fatto che Taylor aveva un fidan-

zato, Conor Kennedy. Era tutto così strano. Alla fine fu portata in gran fretta fino al suo jet privato in partenza dall'aeroporto di Luton, anche se aveva in progetto di ritornare presto in Inghilterra...

Intanto continuava l'attività promozionale degli 1D, stavolta con un contratto per lanciare dentifrici e spazzolini Colgate. Alcuni lo trovarono un po' curioso, ma di certo sposava bene con la loro immagine acqua e sapone. Altre cose intervennero a distogliere l'attenzione da quello che stava veramente succedendo – o cominciando a succedere –, per esempio quando si sentì dire in giro che Harry smaniava per essere presentato a Lisa Marie Presley, che si era trasferita nel sud dell'Inghilterra. In realtà, invece, erano stati gettati i semi di una relazione ben diversa. Harry si era fatto la fama di dongiovanni ormai da un bel pezzo e doveva ancora prendere sul serio una relazione. Ora, però, tutto stava per cambiare.

Le indiscrezioni sulla sua vita sentimentale furono messe in secondo piano dalle notizie che giungevano dagli Stati Uniti: "Live While We're Young" era appena entrato in classifica e aveva venduto 341.000 copie nella prima settimana, issandosi al primo posto. Perfino considerando la loro comprovata capacità di affermarsi negli Stati Uniti, questo era un risultato strabiliante, e faceva ben sperare per il loro prossimo album. Ormai gli One Direction erano sulla cresta dell'onda da un bel po', adesso dovevano dimostrare di avere la forza di restarci a lungo – e ce l'avevano, a quanto pareva.

Continuavano anche gli impegni promozionali, con i ragazzi che andarono a Dublino e lì vennero inseguiti

dalle solite orde di fan – senza che la cosa li preoccupasse più di tanto. Niall si sentiva sempre particolarmente felice durante i viaggi in Irlanda, perché per lui equivaleva a tornare a casa, ma anche gli altri non si divertivano meno di lui. Harry, Louis e Liam si fecero dei nuovi tatuaggi, e i ragazzi organizzarono tutti insieme un rapido tour di alcuni dei locali notturni più alla moda della città, prima di andare ospiti del *Late Late Show* e far emozionare ancora una volta le loro fan.
Durante uno degli impegni promozionali, Liam si fece sfuggire che erano molto sotto pressione. "Penso di sì. È la sindrome del secondo album – o come volete chiamarla", spiegò. "Ma noi non volevamo cambiare troppo. Volevamo fare qualcosa di sostanzialmente simile al primo disco, sebbene con alcune sottili differenze. Stiamo crescendo, e vogliamo che la nostra musica cresca con noi. Ci sono molte più sonorità prese dal vivo, e le canzoni parlano di cose di cui abbiamo avuto esperienza".
Nel frattempo alcuni storsero il naso quando i cinque confessarono di aver razziato il minibar nelle camere degli alberghi americani, dove erano ancora tutti troppo giovani per bere, e vi furono ulteriori tensioni quando un'intervista di Zayn a una stazione radio canadese venne improvvisamente annullata. A quanto pare, la ragione era che c'era una sfilza di domande a cui lui aveva detto che non avrebbe risposto e il dj si adombrò, ma la verità, considerando che una di quelle domande verteva su come era nato il nome One Direction, era che Zayn ne aveva probabilmente abbastanza di sentirsi chiedere sempre le stesse cose. Quale che fosse la ragione, era nell'interesse

di tutti andare avanti con le cose da fare, per cui si rimisero a lavorare sodo.
Non potevano certo essere considerati gli statisti più veterani del mondo dello spettacolo, ma gli One Direction erano ormai diventati un punto di riferimento per chiunque aspirava a formare una boyband. L'edizione di *X Factor* del 2012 aveva portato alla ribalta un'altra aspirante boyband chiamata Union J, i cui membri avevano l'aria veramente frastornata quando incontrarono gli One Direction. George Shelley degli Union J era stato paragonato a Harry e lo videro immerso in una conversazione con il suo ispiratore: che consigli gli avrà mai dato Harry? La risposta è: "Non tagliarti mai il ciuffo".
Tutti i ragazzi degli Union J erano molto emozionati dopo l'incontro con i loro idoli: "È stato favoloso conoscerli perché due anni fa loro erano nella stessa posizione in cui siamo noi oggi", dissero. Liam, intanto, raccomandò: "Non fatevi troppi problemi: andate in scena e divertitevi", mentre Louis suggerì: "Siate semplicemente voi stessi". Sembrava che fosse passata appena qualche settimana da quando Robbie Williams aveva trasmesso ai nuovi arrivati degli One Direction un po' della sua saggezza di leader di una boyband come i Take That – e in effetti, a pensarci bene, non era passato poi così tanto tempo. Le cose si muovono in fretta sul Pianeta dello Spettacolo.
Harry e George andavano molto d'accordo. "Si sono scambiati i numeri di telefono dal momento che i due gruppi finiranno per incontrarsi spesso in giro", ha riferito al Daily Mirror una persona presente all'incontro. "Harry si rivede molto in George, perciò ha voluto man-

dargli un sms scherzoso in cui gli rivela il suo segreto, ed è per questo che gli ha detto di non tagliarsi mai i capelli, perché Harry è ben consapevole che i suoi lo rendono uno schianto con le donne. George si è messo ridere e ha fatto leggere il messaggio a un paio di ragazze, ma io direi che non c'è più alcun rischio d'ora in poi che lui proceda a un drastico taglio". Si tratta di sicuro di un buon consiglio. Era dai tempi di Sansone che qualcuno non traeva dai suoi capelli altrettanta forza.

Venne annunciato che gli 1D erano arrivati primi in una votazione che doveva eleggere il miglior artista del Regno Unito, e che avrebbero ricevuto il premio agli MTV European Music Awards del mese successivo. Intanto, gli Union J scoprirono di colpo che il confronto con gli One Direction li stava penalizzando quando Louis Walsh dichiarò che Simon Cowell era preoccupato che fossero una minaccia per il suo gruppo, per cui voleva smettere di sostenerli. "Sa che gli Union J sono una minaccia per gli One Direction, perciò non parlerà troppo di loro", polemizzò Louis in un'intervista al Daily Star. In realtà era molto improbabile che Simon avesse di che preoccuparsi, dal momento che gli 1D stavano andando alla grande. E di sicuro la pensava così anche la Hasbro, la multinazionale dei giocattoli – sebbene i loro profitti fossero calati nel terzo trimestre 2012, le vendite di giocattoli per ragazzine erano in aumento e i dirigenti dell'azienda speravano che i bambolotti degli One Direction sarebbero andati bene durante il periodo natalizio. Ci si aspettava, in particolare, che vendesse molto quello di Harry.

Gli Union J andarono dritti per la loro strada, pren-

dendo il battibecco per quello che era, un tentativo di far parlare un po' del programma per aumentare gli ascolti. "Mi ha fatto molto piacere che Simon si sentisse minacciato da noi. Ho subito chiamato Louis e gli ho chiesto cosa gli aveva detto", raccontò Jaymi Hensley degli Union J. "Louis mi riferì che Simon si sentiva minacciato perché quest'anno lui aveva una boyband che poteva sbaragliare la sua. Simon è il mentore dei gruppi nell'edizione americana di *X Factor*, per cui sta tentando di trovare lì negli Stati Uniti i suoi nuovi One Direction. Ma quest'anno Louis è particolarmente agguerrito, e penso che tra i due si sia creata una rivalità ancora più forte del solito. Louis ci ha detto che è determinato a vincere. È bello comunque sapere che Simon ci tiene d'occhio lo stesso, anche se lui non partecipa a questa edizione di *X Factor*".
Dopo l'anno che avevano vissuto, non c'era da stupirsi se gli One Direction erano la più alta new entry nella classifica delle star inglesi più ricche: occupavano il quinto posto, e i loro guadagni superavano ora i cinque milioni di sterline ciascuno, una cifra che avevano raggiunto in meno di un anno. Adesso tutti e cinque stavano investendo parecchio nell'acquisto di proprietà immobiliari, con Harry che prese una casa nella zona di Londra nord, dove risiedeva quel gruppo di celebri attori e modelle inglesi, tra cui Ewan McGregor e Kate Moss, noto come "la compagnia di Primrose Hill".
Tutti volevano essere associati agli One Direction, perfino star famose e affermate. Robbie Williams rilasciò un'altra intervista in cui parlò di loro, raccontando che all'inizio della carriera dei Take That c'era una relazione di amore

e odio tra lui e Gary Barlow, e che sospettava che qualcosa del genere stesse succedendo anche negli 1D. Se era così, tuttavia, di sicuro loro non lo davano a vedere: i suoi compagni di band non avevano mai mostrato di provare la minima invidia per Harry, che continuava a essere il più popolare dei cinque. Il fatto è, ancora una volta, che gli One Direction richiamavano una tale attenzione – con gli altri quattro ragazzi che avevano ognuno le sue devote fan – che non c'era molto di cui essere invidiosi.

Un'altra persona ben felice di parlare dei suoi incontri con la band era niente di meno che Kylie Minogue. "Ho bevuto qualcosa insieme agli One Direction al matrimonio di James Corden", raccontò al Sunday Mirror, riferendo anche il consiglio che lei gli aveva dato. "Ero lì che chiacchieravo con i ragazzi. Non faccio fatica a capire perché tutti li trovano così affascinanti, senza contare che di persona sono tipi adorabili e simpatici. E hanno anche delle bellissime canzoni su cui contare. Non so quale sia la formula segreta del successo e io stessa non sempre l'ho trovata, ma bisogna correre dei rischi per scoprire chi sei. Non ho sempre saputo chi ero all'inizio della mia carriera, devi trovare i tuoi punti forti e lavorare su quelli deboli".

Con Kylie Harry non è mai stato – era fidanzata – ma lui non faceva mistero della sua passione per l'altro sesso. "Ho diciotto anni, non è che mi piacciono le donne più grandi di me, mi piacciono le donne e basta. A volte flirto senza volerlo", spiegò Harry. "Forse è solo che sono fatto così. Ho delle buone tecniche di seduzione che so usare molto bene". Questo era chiaro a tutti, ma restava comunque la domanda: chi sarebbe stata la prossima?

Si venne a sapere che i ragazzi avrebbero cantato alla Royal Variety Performance, insieme a personaggi del calibro di Robbie Williams, Kylie Minogue, Rod Stewart, Alicia Keys e le Girls Aloud. Fecero un'intervista per Vogue in cui Harry disse: "Non ti abitui mai alla gente che grida il tuo nome. Ci sono un sacco di cose che ti porta la vita in cui potresti finire per perderti. Ma devi lasciare che quelle cose vadano come devono andare. Ho imparato a non prendere tutto troppo sul serio".

Quell'intervista – che fu pubblicata su Vogue, non su Teen Vogue, su cui comparivano di nuovo gli One Direction – fu un altro indizio di come stava crescendo il loro status. I ragazzi non erano stati fotografati nei loro soliti atteggiamenti scanzonati, bensì presentati attraverso immagini piuttosto solenni in bianco e nero. A realizzarle era stato Patrick Demarchelier, uno dei più famosi fotografi del mondo, uno che non cominciava nemmeno ad aprire gli otturatori se non riteneva i suoi soggetti personaggi importanti. Nell'articolo veniva riportato un giudizio di Alexa Chung: "Gli One Direction non sono i Beatles, ovviamente, ma è bello vedere una boyband vestita bene, tanto per cambiare", diceva la modella. "Mi fanno pensare a uno scatolone pieno di cuccioli il giorno di Natale – uno più adorabile dell'altro". Era uno sguardo rivelatorio sul mondo a cui ormai appartenevano gli 1D: Harry confessò di amare molto i servizi fotografici e di essere un appassionato di moda – da cui la sua presenza alla sfilata di Burberry – e dava l'impressione di essere estremamente a suo agio nel gestire una notorietà che continuava ad aumentare.

L'articolo era stato scritto da Jo Ellison, che seppe spiegare egregiamente il fascino di Harry. "Se non avete mai sentito parlare degli One Direction, avrete probabilmente sentito parlare di Harry Styles, che è la voce principale nonché il più piccolo di tutto il gruppo, occhi chiari, chioma fluente, fossette alle guance. Tutto il mondo si è innamorato di lui", scrisse. "Harry, un Acquario nato nel paesino di Holmes Chapel, nel Cheshire. Harry con quel delizioso cipiglio di chi è in uno stato di irritata confusione, come un orsacchiotto che tenta di risolvere un problema di trigonometria, Harry che ha infilzato milioni di svolazzanti cuori, e corteggiato schiere di donne… Harry il cui cibo preferito sono i tacos, Harry che detesta la maionese…" Harry che aveva conquistato il mondo con il suo charme e che chiaramente avrebbe continuato a farlo.
Durante il servizio fotografico, i ragazzi posarono con l'incantevole Edie Campbell, una top model di ventidue anni. Com'era pressoché inevitabile, Edie divenne immediatamente oggetto di insulti e attacchi su twitter, a dispetto del fatto che aveva un fidanzato, Otis Ferry, figlio di Bryan. I troll le rivolsero una serie di minacce, avvisandola di non provare mai più a toccare Harry, anche se lei riuscì a gestire la situazione con notevole sangue freddo. "Finché non si presentano davanti alla mia porta con le torce accese per dar fuoco alla casa, direi che posso anche farcela", commentò con ironia.
Una ragazza di nome Amy Green stava passando un problema simile, anche se riguardava Niall invece di Harry. Amy, che studiava all'accademia d'arte drammatica, era appena diventata la fidanzata di Niall, e questo aveva sca-

tenato un fiume di insulti su twitter: "Ignora chi ti odia", le consigliò Niall. I ragazzi condannavano apertamente il trolling con una certa regolarità – a volte erano stati loro stessi oggetto degli attacchi – ma niente di quello che facevano serviva a risolvere il problema. Le persone che trascorrevano del tempo con loro, specie le donne, dovevano semplicemente farci l'abitudine e sviluppare una corazza.

Quello stesso mese i ragazzi comparvero anche sulla copertina di Teen Vogue, il che dimostrava, presumibilmente, che potevano interessare a fan di tutte le età. Ancora una volta Harry emerse come un ragazzo semplice e affascinante, che per molti versi non riusciva a credere alla fortuna che aveva avuto. "Una volta una ragazza mi ha infilato in tasca il suo cellulare", raccontò Harry, "e io lo trovo e le faccio: 'Ecco qui, è tuo'. E lei mi dice: 'Se lo avessi tu il mio cellulare, dovresti rivedermi per restituirmelo'. È bello avere persone disposte a fare cose come queste, ma a volte è difficile da capire, perché noi siamo solo dei ragazzi come tanti altri. Siamo ragazzi che avresti potuto avere come compagni di classe, e che hanno avuto questa fantastica opportunità". In questa risposta Harry aveva compiuto un'analisi molto accurata di se stesso, e gli faceva onore. Molte star hanno assaporato il successo quando erano ancora giovanissime, e hanno permesso che gli desse alla testa, gettando così i semi di una lenta autodistruzione. Harry e gli altri avevano avuto la reazione opposta: più diventavano popolari e ricercati, più erano determinati a restare aggrappati alla loro normalità. Non erano autenticamente in grado di capire il furioso entusiasmo che generavano: erano solo cinque normalissimi ragazzi della classe media inglese a cui era capitato di cavarsela bene in un talent show televisivo. Ma con o senza il loro incoraggiamento, la stella della loro fama continuava a crescere. Non si trattava più di dover lottare per venire riconosciuti: ormai erano cinque volti tra i più famosi del mondo.

Nonostante questo non si montarono mai la testa. Ognuno rimase semplice e alla mano, pienamente consapevole della fortuna che aveva avuto e perfino modesto, per quanto poteva esserlo uno che si trovasse nella loro posizione. Non si pavoneggiavano mai, non davano mai la sensazione di pensare: "mi merito tutto". In qualche modo, contro ogni possibilità, un gruppetto di ragazzi aveva conquistato il mondo, e riusciva a restare lo stesso con i piedi per terra.

Stavano cominciando, tuttavia, a mostrare i segni delle ferite di guerra. Con un lungo tour mondiale alle porte, i ragazzi avrebbero dovuto essere al massimo della forma e invece.. be', non lo erano affatto. Harry aveva la schiena a pezzi, e per curarla stava facendo pilates; Zayn andava in giro con le stampelle dopo essersi fatto male a una festa; Liam aveva appena sofferto la frattura di un dito del piede su cui era caduto un laptop e infine Niall si era slogato il ginocchio non una, non due, ma ben quattordici volte. Erano anche in procinto di pubblicare il nuovo singolo "Little Things" e, come se non bastasse, avevano di nuovo raggiunto un primo posto in classifica, stavolta in quella dei calendari, con la HMV che annunciava che il calendario 2013 degli One Direction era stato il

più venduto di tutti, davanti sia a quello di Justin Bieber che a quello di Tom Daley.
Oltre a spendere per sé un po' della sua improvvisa ricchezza, Harry ne impiegò una parte per comprare una nuova casa a sua madre e al suo patrigno: la costante presenza di ammiratrici davanti alla vecchia casa di famiglia era diventata troppo faticosa da gestire e bisognava trovare un luogo più appartato. Nel frattempo continuava l'aggressiva campagna promozionale. Proprio come si erano allontanati dalla loro immagine tradizionale nel servizio fotografico dai toni scuri e sobri che avevano realizzato per Vogue, così i ragazzi posarono ora per la rivista Wonderland, dove vennero ritratti come se fossero appena usciti dagli anni Cinquanta. Ognuno di loro indossava una camicia a strisce e un pullover e aveva in braccio un cucciolo di labrador biondo: un'immagine pensata apposta per far sciogliere il cuore di un lettore, e funzionava – quando poi scoprivi che quei cuccioli venivano addestrati per diventare cani guida, l'immagine diventava ancora più commovente. I ragazzi ci tenevano a sottolineare, comunque, che non intendevano conformarsi allo stereotipo della boyband in cui tutti sono vestiti allo stesso modo: quello era un caso a sé.
Harry e gli altri erano anche sulla copertina di Cosmopolitan quel mese – era la prima volta in quarant'anni di storia che la rivista aveva messo in copertina solo uomini – ma quando sei sexy, sei sexy, e non c'erano molte persone più sexy di Harry e dei suoi amici in quel momento. Cosmopolitan lo interrogò per sapere come doveva essere la sua ragazza ideale, e Harry rispose così:

"Trovo che in una donna l'ambizione sia molto attraente – se una è veramente brava a fare una cosa che ama fare. Voglio una donna determinata". Nella fattispecie, Harry aveva quasi di sicuro una persona in mente. Il resto del mondo non aveva ancora capito, ma era solo una questione di tempo. In un'intervista aggiunse anche: "Mi sento molto fortunato a essere in questa posizione. Non ho diritto di arrabbiarmi. Non sono impegnato nemmeno la metà di quello che vi fanno credere! Il modo in cui la dipingono è che vedo le donne solo sotto l'aspetto sessuale, ma io sono cresciuto con mia mamma e mia sorella, per cui ho imparato a rispettare molto le donne". Questo, a quanto pareva, era il segreto del suo successo di dongiovanni, ma le cose stavano per cambiare.

Harry aveva avuto un bel po' di flirt, alcuni più lunghi di altri, e si era fatto una certa reputazione di impenitente libertino, anche se, a essere onesti, la maggior parte degli uomini avrebbe fatto esattamente lo stesso nella sua posizione. Sembrava che ora, però, Harry fosse pronto per una relazione seria, ed era sul punto di iniziarla, come il resto del mondo avrebbe ben presto potuto vedere. Chi era, dunque, la fortunata? Be', poteva essere una donna più grande di lui, ma non *troppo* di più, una che sarebbe stata in grado di capire esattamente il genere di pressioni a cui era sottoposto, perché le stava sperimentando anche lei. Era famosa quasi quanto Harry, e insieme loro due sarebbero diventati una delle coppie più in vista del mondo dello spettacolo. In men che non si dica le loro foto sarebbero state dappertutto e loro avrebbero trascorso insieme quanto più tempo possibile, considerate le fittissime agende e i rispettivi impegni internazionali. Harry giunse addirittura a dichiarare pubblicamente di essere innamorato, cosa che fin lì non aveva mai fatto. E il nome della donna che avrebbe prodotto in lui un tale cambiamento? Taylor Swift.

13

Taylor chi?

La data era il 13 dicembre 1989. Scott Kingsley Swift, un consulente finanziario della Merrill Lynch, la gigantesca banca d'affari americana, e sua moglie Andrea, che aveva lavorato in passato come responsabile marketing di un fondo comune d'investimento ed era ora una casalinga, stavano festeggiando la nascita del loro primo figlio. Era una bimba sana e robusta, adorata e attesa dai suoi genitori, che chiamarono il loro batuffolo di gioia Taylor Alison Swift. Quel nome leggermente insolito si doveva al fatto che, secondo Andrea, un nome sia da uomo che da donna avrebbe aiutato sua figlia ad avere una carriera di successo nel mondo degli affari, ma anche, e forse più giustamente, Taylor venne chiamata così per via del cantante James Taylor. La consapevolezza dell'origine del nome avrebbe in qualche modo influito sulla sua futura carriera? Il talento per il canto era chiaramente una cosa di famiglia, dato che nonna Marjorie, Marjorie Finlay, era una cantante d'opera. "Mi ricordo bene quando cantava, l'emozione che provavo ad ascoltarla", raccontò Taylor a Readingeagle.com. "Lei è stata una delle mie prime fonti d'ispirazione".

La coppia, che avrebbe avuto un altro figlio, Austin, viveva in una fattoria di quattro ettari e mezzo coltivata ad alberi di Natale (soprattutto pini, abeti, pecci) nella contea di Montgomery, in Pennsylvania. Era un'esistenza privilegiata: la famiglia possedeva anche molti cavalli e pony, e Taylor venne issata per la prima volta in sella all'età di nove mesi. Fin da piccola amò sempre cavalcare e recitare, cosa che cominciò a fare intorno ai nove anni prendendo parte alle prime recite scolastiche. Da bambina andò all'asilo e alla scuola materna presso l'Alvernia Montessori School, gestita da suore francescane, prima di iscriversi alla prestigiosa Wyndcroft School.
Quando Taylor aveva nove anni, la famiglia si trasferì a Wyomissing in Pennsylvania, dove lei frequentò il West Reading Elementary Centre e poi la Wyomissing Area Junior/Senior High School. Trascorreva le vacanze nella seconda casa dei suoi genitori a Stone Harbour, nel New Jersey – un luogo davvero idilliaco. "Vivevamo vicino a un laghetto dove succedevano tutte quelle cose magiche", disse in un'intervista per l'edizione americana di Vogue (Harry non era l'unico a comparire sulle riviste patinate). "Una volta arrivò nel nostro laghetto un delfino. Avevamo una famiglia di lontre che la notte stava sul nostro molo. E poi un'estate ci fu uno squalo trascinato a riva proprio sul nostro molo. Finì che scrissi un romanzo, quell'estate, perché non potevo andare in acqua. A quattordici anni mi chiusi in camera e scrissi un libro a causa di uno squalo!"
Al tempo stesso Taylor si stava interessando seriamente al mondo dello spettacolo. Era iscritta alla Berks Youth The-

atre Academy, un'accademia d'arte drammatica, e prese parte alle produzioni di *Grease, Annie, Bye Bye Birdie* e *The Sound of Music*, recandosi spesso a New York per prendere lezioni di canto e recitazione. Iniziò anche a partecipare alle audizioni, ma quando vide che non andava da nessuna parte, cominciò a dedicarsi sempre più alla musica country, partecipando a festival e a fiere. A undici anni vinse un concorso locale per aspiranti cantanti con un'interpretazione di "Big Deal" di LeAnn Rimes. Questa vittoria la portò a esibirsi come cantante apri-concerto per Charlie Daniels all'anfiteatro di Strausstown, e cominciò a essere sempre più chiara la direzione che avrebbe preso la sua vita.

Fin dall'inizio Taylor mise in musica le proprie esperienze. In anni recenti, dopo che si era ormai fatta un nome, veniva sempre apprezzata dalla critica per la sincerità e la schiettezza dei suoi testi, che affrontavano tutto ciò di cui è fatto il mondo di una teenager, ma che risalivano alla sua prima adolescenza, quando traduceva la sua vita quotidiana nelle parole delle canzoni che scriveva. "Le persone intorno a me mi fornivano l'ispirazione di cui avevo bisogno", spiegò a Readingeagle.com. "Tutto quello che scrivevo veniva da esperienze che avevo vissuto, da cose che avevo osservato". All'epoca, naturalmente, quello era il modo che poteva avere una bambina di percepire e raccontare gli eventi, ma nel tempo, come vedremo più in là, si sarebbero aggiunte anche delle considerazioni sulla sua vita sentimentale.

A undici anni, mostrando una precocità che faceva sembrare Harry uno che aveva cominciato da vecchio,

Taylor convinse sua madre a portarla a Nashville, nel Tennessee, la patria della musica country, dove consegnò un demo delle sue canzoni a ogni etichetta discografica possibile e immaginabile. All'iniziò non ottenne nulla, ma, dando prova di una straordinaria intraprendenza per una ragazzina di quell'età, cominciò a pensare a dei modi per farsi notare, compreso cantare *The Star Spangled Banner*, l'inno nazionale degli Stati Uniti, agli eventi sportivi, perché "quello è un modo per potersi esibire davanti a 20.000 persone senza avere un contratto discografico". Imparò a suonare la chitarra e, avendo vinto in passato un concorso di poesia, si dedicò a scrivere canzoni. Si prese un manager, Dan Dymtrow, cominciò a sfilare per Abercrombie & Fitch nella loro campagna Rising Stars dedicata ai talenti emergenti e, dopo aver partecipato a un evento della RCA Records, ottenne finalmente un contratto discografico.
A questo punto era chiaro più o meno a tutti che Taylor era una bambina prodigio, e fu così che quando lei aveva quattordici anni la famiglia si trasferì a Hendersonville, nel Tennessee, con Scott che si fece assegnare agli uffici della Merrill Lynch a Nashville. "I miei genitori capirono che ero così ossessionata dalla musica che non avrei lasciato perdere, che quella non era una fase adolescenziale", raccontò a Marie Claire. "I miei si ritrovarono trascinati dentro questa cosa – non hanno mai desiderato più di tanto che io facessi musica". In un primo momento Taylor frequentò la Hendersonville High School, ma quando gli impegni musicali entrarono in conflitto con quelli scolastici, si trasferì alla Aaron Academy, il che significava che poteva ricevere lezioni a domicilio.

Non dovrebbe sorprendere nessuno il fatto che Taylor Swift completò il programma degli ultimi due anni in appena dodici mesi.
Alla fine firmò per la Big Machine Records e divenne la più giovane cantautrice di sempre a essere messa sotto contratto dalla Sony/ATV Music. Il suo album d'esordio del 2006, intitolato "Taylor Swift", si rivelò subito un grande successo e lei cominciò a battere un record dopo l'altro, più o meno nello stesso modo in cui Harry e gli One Direction avrebbero fatto qualche anno dopo: il suo terzo singolo, "Our Song", fece di lei la cantante più giovane (uomo o donna) ad aver scritto e cantato interamente da sola una canzone giunta al numero uno delle classifiche dei dischi country. Il suo secondo album, *Fearless*, uscito nel 2008, vinse quattro Grammy, e a questo ne seguirono altri due. Taylor divenne anche la più giovane vincitrice (uomo o donna) di tutti i tempi del Grammy per l'Album dell'Anno (con *Fearless*), nonché la prima cantante della storia ad aver inciso due album capaci di vendere oltre un milione di copie nella prima settimana.
Fu anche la prima cantante country a vincere un MTV Video Music Award (per "You Belong With Me") – l'evento suscitò una serie di polemiche a causa di Kanye West, che interruppe Taylor Swift durante il suo discorso di accettazione del premio. Sebbene all'epoca fosse stato per lei qualcosa di piuttosto sconcertante, l'incidente prese i titoli dei giornali di tutto il mondo e non danneggiò in alcun modo la sua immagine di star internazionale. Nel 2011 Billboard la elesse Donna dell'Anno. Harry non stava scherzando quando diceva di essere attratto da

donne ambiziose e determinate: difficile trovare in una ragazza più ambizione e determinazione di così.
Da allora Taylor è stata premiata dalla Nashville Songwriters Association e dalla Songwriters Hall of Fame; ha vinto sei Grammy, undici American Music Award, sette Country Music Association Award, sei Academy of Country Music Award e tredici BMI Award. Alla fine del 2012 aveva venduto oltre 22 milioni di album in tutto il mondo e 51 milioni di copie digitali nei soli Stati Uniti. Come attrice ha recitato piccole parti in CSI (2009), nella commedia corale *Appuntamento con l'amore* (2010) e ha prestato la voce per il film in 3D *Lorax – Il guardiano della foresta* (2012). La lista dei suoi successi è semplicemente sterminata e Forbes calcola che il suo valore complessivo sia superiore ai 165 milioni di dollari.
Oltre che alla propria carriera, Taylor si è sempre dedicata alla beneficenza, sostenendo in particolare la formazione artistica, l'alfabetizzazione infantile e la ricostruzione delle zone colpite da disastri naturali, tanto che nel 2012 venne premiata per il suo impegno umanitario con un Kids' Choice Award consegnato da Michelle Obama, che la descrisse come una ragazza "arrivata come un razzo ai vertici dell'industria discografica ma che rimane sempre con i piedi per terra, una ragazza che ha completamente riscritto le prospettive di quello che si può realizzare a ventidue anni". Quello di Michelle Obama fu, tutto sommato, un esercizio di understatement.
Taylor cercò di tenersi lontano dalla politica, dichiarando: "Non penso che sia compito mio provare a influenzare la gente dicendole come dovrebbe votare", ma divenne piut-

tosto evidente a chi andassero le sue simpatie quando, a seguito della vittoria di Barack Obama, Taylor disse a Rolling Stone: “Da quando sono nata non ho mai visto questo paese così felice per una decisione di natura politica. Sono contentissima che queste siano state le mie prime elezioni”. Quindi proseguì additando Michelle Obama come modello per i giovani.

Oltre che per quanto riguarda il successo, Taylor poteva essere equiparata a Harry anche per le sue vicende romantiche. Il suo primo fidanzato in vista fu il cantante Joe Jonas dei Jonas Brothers, seguito dall’attore Taylor Lautner, famoso interprete della serie *Twilight*. Seguirono poi storie d’amore con il musicista John Mayer, l’attore Jake Gyllenhaal e Conor Kennedy, rampollo della più celebre dinastia politica d’America. E poi, nell’ottobre del 2012, si mise insieme a Harry. La loro unione era stata voluta dagli dèi dello spettacolo: servì a promuovere ulteriormente il personaggio che ciascuno di loro era già diventato (non che nessuno dei due ne avesse bisogno, sia chiaro), mentre al tempo stesso entrambi erano in grado di capire la pressione a cui l’altro era sottoposto. Lo stesso Simon Cowell non avrebbe potuto trovare una partner migliore per il suo protetto.

La relazione era nell’aria già da qualche tempo. C’erano state voci che Taylor si era infatuata di Harry dal primo momento in cui l’aveva visto, ma il sentimento era chiaramente reciproco. Nell’estate del 2012, alcuni mesi prima che si mettessero finalmente insieme, Harry non riuscì a trattenersi parlando di Taylor alla rivista Seventeen: “[Taylor] è veramente una ragazza adorabile.

Dico davvero, non potrebbe essere più dolce di così". "È una ragazza straordinaria, con moltissimo talento. È una di quelle persone autenticamente gentili e carine che capita ogni tanto di conoscere. Certe persone le conosci e poi scopri che non sono gentili e carine come pensi, mentre lei è una di quelle che sono fantastiche per davvero". E questo prima che si mettessero insieme. Non c'è da meravigliarsi se Harry avrebbe detto un giorno di essere innamorato di lei.
All'inizio nessuno che non fosse al corrente della cosa sospettava nulla. Harry fece un'intervista per la rivista OK! in cui rivelò che una volta era saltato nel letto dove c'era la madre di un suo amico, ma lasciò intendere che in quel momento non c'era nessuno di speciale nella sua vita: "È stata una cosa un po' per gioco", raccontò. "Lei stava dormendo, e quando sono entrato nel letto si è svegliata, per cui sono scappato di corsa giù per le scale. Aveva indosso una sottoveste, ma non so se c'era qualcosa sotto. Poi non è che guardo solo le donne più grandi di me, mi piacciono anche le ragazze della mia età. La mia storia con Caroline è stata continuamente su tutti i giornali e questo ha fatto credere alla gente che mi piacciono solo le donne più grandi". Be', con i suoi ventidue anni Taylor aveva solo quattro anni in più di Harry, per cui la loro relazione non avrebbe certo suscitato gli stessi commenti. Certi giornalisti continuavano a prendere lucciole per lanterne, comunque, e Harry fu spesso accostato a Cara Delevingne. "I manager di Cara pensano che Harry non giovi alla sua immagine", disse al Sun una persona vicina alla modella. "Sono convinti che il fatto di venire associata

a Harry potrebbe danneggiare i suoi rapporti di lavoro con stilisti di alto livello. Vogliono che lei resti fuori dai tabloid. Ma questo, semmai, ha reso Harry ancora più interessato a lei. Dire 'no' a due ragazzi non fa altro che aumentare il loro desiderio di vedersi".

Forse, ma l'interesse di Harry puntava adesso in tutt'altra direzione e finalmente, nel novembre del 2012, la sua vera storia d'amore si rivelò. Harry e Taylor vennero visti flirtare mano nella mano in uno studio televisivo di Los Angeles durante l'edizione americana di *X Factor*, e fu lì che lei gli presentò sua madre Andrea. "Harry venne alle prove della trasmissione per guardare Taylor. Lei iniziò con venti minuti di ritardo per aspettarlo", riferì una fonte al Sun. "Era seduto accanto a sua madre Andrea che sembrava sotto il suo charme. Quando Taylor ha finito, lui le ha messo una mano intorno alle spalle e l'ha accompagnata nella motorhome. Non hanno fatto altro che tenersi per mano e flirtare tutto il giorno. Portavano la stessa catenina e a pranzo hanno fatto la coda insieme davanti al camion della ristorazione. Erano così dolci".

Ma non era finita qui. Un'amica di Taylor raccontò che i due avevano già avuto una breve avventura e che adesso ci stavano riprovando. "Taylor trovava Harry davvero affascinante e aveva chiesto a Justin [Bieber] di presentarglielo", spiegò. "Si è innamorata di lui appena lo ha visto. C'è stato qualcosa, ma è rimasto tutto segreto. Si scambiavano messaggi, parlavano un sacco e si sono visti qualche volta. Ma è finito tutto quando Harry è stato visto con un'altra ragazza in Nuova Zelanda. Taylor si era sentita un po' umiliata per quello che era successo, ed era nervosa al pensiero di dargli un'altra possibilità. Ma questa volta hanno passato più tempo insieme e hanno avuto modo di conoscersi meglio. Quando ha una relazione, Taylor è sempre molto coinvolta, ed è anche una che si innamora in fretta. Harry ci sta attento, perché non la vuole ferire un'altra volta. Ma ha detto chiaro e tondo che lei gli piace davvero tanto. Ormai è da un po' che si frequentano tranquillamente".

Harry stava forse cominciando a crescere? Quelli che lo conoscevano bene avevano parlato spesso del fatto che voleva una storia seria, e oltre a essere dotata di talento, Taylor era anche estremamente carina. Gli uomini la trovavano attraente, proprio come le donne trovavano attraente Harry, e tra i due si era chiaramente instaurato un legame forte. Perfino Simon Cowell fu felice di parlarne apertamente: "Non ero alle prove, ma ho sentito che ne parlavano tutti quando sono arrivato", disse. "Penso che stiano bene insieme". Be', aveva ragione.

Non ci volle molto prima che si facessero avanti anche altri testimoni oculari. Uno era Mario Lopez, il presentatore dell'edizione americana di *X Factor*. "Taylor Swift era ospite di quella puntata e durante le prove è arrivato Harry, mi ha dato una pacca sulla spalla e mi ha detto: 'Ehi, Mario, come va?'. 'E tu che ci fai qui?', gli ho chiesto io. E lui mi ha indicato Taylor. Poi si sono allontanati mano nella mano".

Erano davvero adorabili, anche se certe persone non riuscirono a trattenersi e fecero un po' di battute, dicendo che a ventidue anni Taylor era davvero troppo giovane per Harry – battute che la coppia decise di ignorare.

Molto meno divertente fu la reazione dei troll in rete, che andarono su twitter e postarono le loro solite stupidaggini, comprese alcune minacce di morte. Taylor, però, da veterana del mondo dello spettacolo, non solo si era creata una corazza, ma sapeva tutto degli inconvenienti che comporta vivere sotto gli occhi dell'opinione pubblica. Dal canto suo, Harry era abituato al fatto che le sue fidanzate finivano per passare un brutto momento quando la cosa si veniva a sapere, ma stavolta era diverso: questa era una storia seria, e i due erano innamorati.

Sotto qualsiasi punto di vista, Taylor era molto diversa dalle altre fidanzate che Harry aveva avuto fino a quel momento. Era diventata famosa anche perché le sue canzoni erano profondamente autobiografiche e le sue coetanee si riconoscevano in quei testi. Probabilmente Harry sapeva che Taylor non ci metteva molto a criticare duramente gli uomini da cui si sentiva trattata male: dopo che Joe Jonas la piantò con una telefonata, lei caricò su Myspace un video con un bambolotto di *Camp Rock* – un giocattolo che riproduceva il personaggio interpretato da Joe in un film della Disney del 2008 – e disse: "Ecco, questo ha anche il cellulare, così può piantare le altre bambole". E, come se non bastasse, Taylor compose una canzone su Joe intitolata "Forever and Always", in cui diceva: "Mi hai guardata negli occhi e mi hai detto che mi amavi./ Stavi solo scherzando?".

Un'altra canzone, "Dear John", raccontava della sua relazione con John Mayer: "Non pensi che ero troppo giovane per fare lo stronzo con me?" "Quel brano ha veramente colpito nel segno, è riuscito a parlare a molte ragazze che avevano vissuto una storia d'amore malata e avevano trovato da sole come uscirne", disse Taylor. E nel caso qualcuno non avesse capito bene, in un'altra intervista aggiunse: "Scrivo sempre canzoni che riguardano la mia vita. Se con me ti comporti in modo orribile, vorrà dire che scriverò una canzone su di te, e quella canzone non ti piacerà. È così che faccio io".

Il messaggio era chiaro: non fate gli stronzi con Taylor.

In effetti, considerando che c'era chi la definiva una mangiatrice di uomini, parve a tutti che Harry avesse trovato la donna che faceva per lui. Non si sapeva con certezza se era stato Taylor Lautner a ispirarle la canzone "Back To December" ("Vorrei tornare indietro nel tempo e cambiare tutto, ma non posso"), mentre era probabile che ci fosse Jake Gyllenhaal dietro "The Last Time", che parlava di un uomo su cui lei non poteva mai contare, aveva spiegato Taylor. "Non sai mai quando parte, non sai mai quando torna, ma torna sempre". Tutto questo era forse servito a scoraggiare Harry? Assolutamente no. Taylor era giovane, bellissima e rappresentava una sfida, e Harry c'era già dentro fino al collo.

Taylor, da parte sua, aveva un altro genere di problema: era ricca, affermata e molto in vista, e aveva bisogno di un partner che riuscisse a gestire bene quella situazione. Certi uomini si sentono intimiditi a uscire con qualcuno che ha una carriera di grande successo come quella di Taylor, e lei lo sapeva. "Mi piacciono gli uomini che prendono il controllo", disse. "Per questo bisogna che siamo sullo stesso piano. Se mi sembra di avere io i pantaloni, mi comincio a sentire a disagio, e la storia finisce".

In Harry, però, aveva trovato qualcuno di famoso e affermato quanto lei, e se il conto in banca non era ancora alla pari con quello della sua fidanzata, stava andando comunque nella direzione giusta. Per molti aspetti Harry e Taylor erano l'uno per l'altra il meglio che potessero trovare, e loro lo sapevano. In una recente intervista con Vogue, Taylor aveva elencato una serie di cose che non doveva fare un suo potenziale fidanzato, e Harry non era riconducibile a nessuna di queste: "Hai bisogno di sminuirmi per poter giocare con me ad armi pari? Ti senti minacciato da qualcosa di quello che faccio e vuoi rimettermi al mio posto in modo da essere tutti e due allo stesso livello? Be', con me non funziona". E poi: "Non posso avere a che fare con uno ossessionato dalla privacy. È vero: se due persone famose stanno insieme, bisogna starci un po' attenti. Ma non è che puoi starci *troppo* attento. Se la privacy per te è importante al punto che dobbiamo scavare un tunnel sotto questo ristorante per evitare i giornalisti, io non ci sto". Ben lungi dal voler rimettere una ragazza al suo posto, Harry era ben contento di fare il più possibile le cose in pubblico. Dopo un periodo di timidezza iniziale, avrebbe anche potuto andare in giro con un cartello su cui c'era scritto che lui e Taylor stavano insieme.
Da lì in poi, i due parlarono sempre in modo piuttosto aperto della loro relazione. Furono visti l'uno ai concerti dell'altra e mentre passeggiavano per New York mano nella mano, fermandosi a guardare i leoni marini a Central Park. Gli One Direction fecero un concerto con il pienone al Madison Square Garden – dimostrando una volta di più, se mai ce ne fosse stato bisogno, quanta strada

avevano fatto – e poi andarono a festeggiare all'Hudson Hotel, dove Harry presentò Taylor a sua madre Anne. A quel punto le cantò una serenata, e subito dopo duettarono insieme sulle note di "Don't Go Breaking My Heart", la canzone resa famosa da Elton John e Kiki Dee. Prima di addormentarsi Harry twittò che era stata la più bella serata della sua vita. Come dargli torto? Quella serata aveva messo insieme un momento di grande successo professionale e una pubblica dichiarazione d'amore per la sua nuova fidanzata. I due furono sommersi dagli auguri e dalle congratulazioni, e qualcuno li ribattezzò Haylor.
Auguri e congratulazioni dalla maggior parte delle persone, naturalmente, ma non da tutte. La fama di dongiovanni di Harry lo aveva preceduto, e alcuni abitanti della cittadina dov'era cresciuta Taylor lo avvisarono di trattarla bene. "Il consiglio che voglio dare a Harry è di starle vicino nel modo migliore", disse Scott Sprouse, un funzionario del comune. "Taylor significa tantissimo per questa città, e naturalmente sono tutti protettivi nei suoi confronti. È una star, è una ragazza di queste parti, un modello per tante persone qui a Hendersonville. Nessuno vuole che lei soffra".
Joni Worsham, preside della Hendersonville High School, era dello stesso parere. "Taylor occupa un posto speciale nel cuore della gente di Hendersonville", disse. "È molto amata e rispettata, e la gente si augura sempre il meglio per lei. Non vorrebbero mai vederla ferita da una relazione che finisce male". Il messaggio era chiaro: se faceva lo stronzo con Taylor, Harry Styles avrebbe avuto tutta la brava gente di Hendersonville alle calcagna.

Non che lui avesse la benché minima intenzione di trattare male Taylor, d'altra parte, dato che questa volta si era detto innamorato. Con i suoi diciotto anni, Harry aveva un'età in cui spesso iniziano le prime, grandi storie d'amore, e in questo lui non era diverso da qualsiasi altro ragazzo: solo che la storia, nel suo caso, si sarebbe svolta continuamente sotto gli occhi di tutti. Il passo successivo fu una breve visita in Inghilterra, durante la quale Harry offrì a Taylor il pranzo in un pub, il Rising Sun nel Peak District della contea di Derbyshire, e se non fosse stato per il fatto che erano famosi e festeggiati in tutto il mondo, quelli avrebbero potuto benissimo essere due ragazzi qualsiasi al loro primo appuntamento. Taylor fu fotografata con una borsetta che Harry le aveva comprato per il suo ventitreesimo compleanno, e non era nemmeno l'unico regalo che le aveva fatto – le aveva preso anche un paio di orecchini, un profumo e ventitré cupcake, uno per ogni anno che compiva.

Sebbene entrambi avessero i propri impegni di lavoro, quando erano nello stesso paese erano inseparabili. Taylor accompagnò Harry quando lui andò a farsi l'ennesimo tatuaggio, e dopo un breve periodo di distacco legato al lavoro, si ritrovarono nello Utah, al Canyons Resort, per sciare un po' insieme prima di Natale – poco dopo lui venne fotografato con il mento incerottato, conseguenza, a quanto pareva, di un incidente sui campi da sci. Un altro chiaro segno di quanto era seria la relazione fu il fatto che partecipò a quella vacanza anche Austin, il fratello di Taylor.

Di lì a poco Taylor era già ripartita, questa volta per l'Australia, mentre Harry ritornò in Inghilterra per stare un po' con la sua famiglia. Venne fotografato a un bowling del suo paese che posava sorridente con alcune fan, ma certo sembrava che la mancanza avesse ravvivato ancor più la fiamma, dato che i due trascorsero tutto il periodo di Natale a parlare su skype, sentendosi anche cinque volte al giorno. Il regalo che le fece Harry fu un antico braccialetto di smeraldi: nessuna relazione era mai stata così importante per lui.

Non rimasero lontani a lungo, comunque. Subito dopo Natale, Harry andò negli Stati Uniti (dimenticandosi il passaporto a casa e facendoselo portare d'urgenza dal Cheshire all'aeroporto di Heathrow), così poterono passare il capodanno insieme. Taylor avrebbe salutato l'anno nuovo in Times Square, a New York, e Harry la raggiunse per incoraggiarla e per festeggiare con lei. La carriera di Taylor stava andando a gonfie vele: il suo ultimo album era stato in vetta alle classifiche americane per sette settimane di fila. Avvolta in un paio di attilatissimi pantaloni di pelle, Taylor era, centimetro per centimetro, la più desiderabile delle popstar, e dopo il concerto si scambiarono un bacio in pubblico, chiaro segno che volevano che tutti sapessero quanto erano felici. "Prendetevi una stanza!" strillarono i giornali, e loro lo fecero, dato che alla fine del concerto Harry la portò subito nel suo albergo. Stando ad alcuni amici, le stava ormai dichiarando pubblicamente il suo amore, e nessuno, vedendoli, poteva dubitare che ne fosse innamorato perso.

All'inizio del nuovo anno i due partirono per una vacanza nelle Isole Vergini britanniche: si erano stabiliti nell'isolotto di Virgin Gorda, dove vennero fotografati sorridenti in mezzo ai fan, ma anche mentre trascorrevano un sacco di tempo per conto loro. Era amore? Sì, per una volta. Poi, con la stessa velocità con cui era cominciato, l'amore finì. Dopo una gigantesca lite, la coppia si separò, Taylor rientrò a casa da sola e i portavoce dei due confermarono che la storia era chiusa. Nelle foto di quei giorni Taylor aveva un'aria molto triste, mentre Harry si consolò andando a passare una giornata a Necker Island, un atollo delle Isole Vergini di proprietà del miliardario Richard Branson, e lì "festeggiò e si diede alla pazza gioia", secondo quanto riferì un amico presente. Anche Harry, adesso, è destinato a ispirare una canzone di Taylor? Solo il tempo potrà dirlo.

14

Take Me Home

La posta in palio era alta, e non solo per gli One Direction. Dopo lo straordinario successo del loro primo album, dopo che avevano sfondato negli Stati Uniti e dato a tutti la sensazione di essere una band destinata a durare, c'era un sacco di gente che traeva vantaggio da quello che stava succedendo ai ragazzi. Primo fra tutti, naturalmente, Simon Cowell, la mente dietro tutto questo, ma anche autori di canzoni, produttori, registi di video, acconciatori, costumisti, fattorini della pizza e un incalcolabile numero di altre persone stavano beneficiando di quel successo, per cui bisognava assolutamente che loro centrassero il secondo album.

Era importante che gli 1D non si presentassero come l'ennesima boyband che oggi c'è e domani non c'è più, e che riuscissero a distinguersi da tutti gli altri. "La gente pensa che una boyband siano dei ragazzini vestiti tutti uguali che agitano le braccia", disse Niall al quotidiano canadese National Post. "Noi siamo cinque membri di una band. Puntiamo a qualcosa di diverso da quello che la gente pensa che faccia una tipica boyband. Stiamo cercando di sperimentare generi di musica differenti tra loro

e di essere noi stessi, non dei ragazzini acqua e sapone". Questo valeva per il nuovo album come per tutto il resto – gli One Direction dovevano fare qualcosa che li mettesse su un altro piano rispetto agli altri.
Ai ragazzi venne anche permesso di prendere alcune decisioni in merito a cosa inserire nell'album: considerato che erano la chiave di tutto quello che era successo l'anno precedente, adesso erano le loro personalità che bisognava evidenziare nel disco. Non di meno, tuttavia, il materiale doveva essere forte sotto il profilo commerciale. Simon Cowell fece sapere che le migliori squadre al mondo di autori di canzoni erano state invitate a proporre il loro materiale, ma che dovevano essere tutti pezzi da primo posto in classifica. Se *Take Me Home* andava bene quanto *Up All Night*, gli One Direction si sarebbero davvero imposti come la band di maggior successo nel mondo. Alla fine i ragazzi decisero di rimanere con alcuni dei professionisti che avevano reso il primo album un campione di vendite, tra cui gli svedesi Carl Falk e Rami Yacoub e l'americano Savan Kotecha. Per quanto possa sembrare improbabile, la Svezia è davvero il massimo per la musica pop, come sottolinea lo stesso Falk: "È dai tempi degli Abba che gli svedesi vanno avanti a fare grandi canzoni pop", disse all'Independent. "Ci piacciono le melodie e i bei cambi di accordi. Adesso come adesso queste cose sul mercato funzionano alla grande. C'è un ritorno del pop, un ritorno della melodia, e le ragazzine vogliono di nuovo i loro idoli pop".
Fu Harry, in un'intervista al Sun, a chiarire il fatto che ai ragazzi era stato concesso di portare il loro contributo.

"Noi scriviamo continuamente quando siamo in tour, negli hotel e negli aeroporti", disse. "Non vorremmo mai che la nostra musica sembrasse scritta da un quarantenne seduto in ufficio, uno che ci dà le canzoni che poi noi dobbiamo fare". In realtà moltissimi dei migliori pezzi pop sono stati scritti da quarantenni seduti in ufficio, ma i ragazzi sottolineavano il loro desiderio di parlare, o piuttosto cantare, direttamente alle fan.

Anche Niall insistette sull'importanza che avevano i membri della band nella scelta del materiale. "Il modo in cui lavoriamo noi – e non ho idea di come lavorano gli altri – è fatto di lunghe riunioni sull'album, riunioni che vanno avanti anche tutto il giorno, per decidere perfino come verranno scritte le canzoni sul retro dell'album e quale sarà l'immagine di copertina, ma la gente non vede queste cose, non ha idea..." disse a MTV News. "Vogliamo avere il massimo controllo possibile su tutto quello che facciamo. Tipo che adesso sto correggendo le bozze delle immagini di copertina per il prossimo singolo. Queste cose le persone non le vedono".

Non è così esagerato dire che sembrava essere stata coinvolta nella scrittura e nella produzione del nuovo album degli One Direction almeno metà dei grandi nomi dell'industria discografica, tra cui Dr Luke, Ed Sheeran, il leader dei McFly Tom Fletcher, Shellback, Toby Gad e molti altri, troppi per poter essere menzionati qui, tutti professionisti di lungo corso della scena pop. Poi ci fu il problema di come chiamare l'album, e anche in quel caso Niall spiegò com'era andata. "Ci abbiamo pensato su per un po'", disse a Ryan Seacrest durante il suo programma su KIIS-FM,

"perché viaggiamo tutti moltissimo in giro per il mondo e vediamo un sacco di bei posti, ma la cosa fondamentale è che nessuno di quei posti è come casa tua. È sempre bello tornare a casa". Il titolo, *Take Me Home*, aveva anche un altro senso, naturalmente: non c'era niente che le fan degli One Direction avrebbero desiderato di più che portarseli tutti a casa, anche se Niall non entrò in questo discorso.
Le registrazioni iniziarono nel maggio del 2012 a Stoccolma. Era un impegno serio, ma Harry riuscì a farlo sembrare tutta un'esplosione di scherzi e risate, con i ragazzi che ordinavano il take away tra un brano e l'altro. "Abbiamo mangiato quintali di fast food mentre registravamo il disco", raccontò al Daily Mirror. "Mi pare che siamo stati in un unico studio per circa due settimane, e non c'è stato altro che una rotazione continua tra un ristorante thailandese e uno portoghese che aveva come specialità il pollo: prima l'uno e poi l'altro, prima l'uno e poi l'altro. È facile rimanere incastrati lì dentro – finisci per avere la tipica tintarella da sala di registrazione, diventi verdognolo perché stai rinchiuso in un buco per una settimana". Poi si trasferirono negli Stati Uniti per finire le incisioni e per iniziare la fase promozionale.
I pezzi dell'album furono: "Live While You're Young", "Kiss You", "Little Things", "C'mon, C'mon", "Last First Kiss", "Heart Attack", "Rock Me", "Change My Mind", "I Would", "Over Again", "Back For You", "They Don't Know About Us" e "Summer Love".
Harry, Liam, Louis, Niall e Zayn figurarono come coautori di alcuni brani, il che era importante, perché voleva dire che avrebbero ricevuto royalties e queste avrebbero

significativamente incrementato i loro guadagni sulle vendite dell'album. Fu anche una mossa saggia da parte del management. Una delle ragioni per cui i Take That implosero la prima volta era che Gary Barlow godeva dei diritti d'autore sulle canzoni e gli altri no, il che voleva dire che guadagnava molto di più del resto della band. Inevitabilmente questo causò molti malumori, e assicurarsi che non succedesse niente di simile agli One Direction era un tentativo di salvaguardare il loro futuro, oltre che di dar loro quello che meritavano, ovviamente.

"Live While You're Young" fu il primo, acclamato singolo del nuovo album, e i ragazzi andarono ovunque, con innumerevoli apparizioni televisive tra cui *X Factor* da una parte e dall'altra dell'Atlantico, in Italia, in Australia e in Svezia, l'*Ellen DeGeneres Show*, il *Today Show, Children in Need* della BBC, il *Royal Variety Performance*, e poi concerti in tantissimi altri posti, tra cui quello da tutto esaurito al Madison Square Garden di New York.

Perfino i cinque furono presi alla sprovvista dalla portata di quel particolare concerto. C'erano 20.000 fan in delirio per loro, e Niall disse: "È la notte più bella della nostra vita. Siete arrivate qui da ogni parte del mondo e noi non riusciamo a credere a quello che è successo. Grazie di cuore". In effetti le strade intorno al Madison Square Garden erano gremite di fan, molte delle quali non si erano solo sobbarcate lunghi viaggi ma erano anche rimaste accampate in strada dalla sera prima per essere sicure di non perdersi niente. Quello che accadeva davanti agli occhi dei cinque ragazzi sarebbe stato sconvolgente anche per gli artisti più famosi e longevi della musica internazionale, figuriamoci per dei nuovi arrivati che erano appena al loro secondo disco.

Zayn la pensava come Niall, e aggiunse: "Sono sconvolto. Vengo da una piccola cittadina vicino a Bradford, nell'Inghilterra del nord. Cose come queste non capitano alla gente come me. Devo tutto a voi". Ma cose come quelle, invece, stavano accadendo a ognuno di loro, e dovevano cominciare ad abituarsi. Viaggi in prima classe, hotel a cinque stelle, fan in delirio e il meglio del meglio – era fatta di questo, adesso, la loro vita quotidiana.

Il concerto al Madison Square Garden si rivelò "praticamente il più grande spettacolo a cui abbiate mai assistito", dichiarò il giorno dopo Rob Stringer, presidente della Columbia Records, e il palco era stato costruito in modo che ci fosse al centro una lunga passerella, così che i ragazzi potevano dare il cinque al pubblico e dedicare una serenata a una ragazza. Quel concerto precedette anche una convention di fan nel New Jersey, a cui parteciparono directioner provenienti da trentacinque Paesi.

Take Me Home uscì nel novembre del 2012 e ottenne un'incredibile successo di critica. Nel Regno Unito vendette 94.000 copie nei primi due giorni e 155.000 nella prima settimana, balzando direttamente al numero uno in classifica. Negli Stati Uniti divenne il terzo album del 2012 per numero di copie vendute – 540.000 – nella prima settimana (in testa c'era "Red" di Taylor Swift), e finì anche lì in cima alle classifiche. "Mi capitano continuamente di quei momenti incredibili in cui devo darmi un pizzicotto per essere sicuro che sia tutto vero, e alcuni di quei momenti mi fanno anche commuovere", disse Harry al Daily Mirror, parlando della sfilza di successi che stava ottenendo l'album. "Vincere un Brit Award è stato uno di quei grandi momenti perché, tanto per cominciare, eravamo felicissimi di essere lì. Anche fare il pienone al Madison Square Garden è stato davvero fantastico. E poi ci siamo svegliati con la notizia che il nostro tour britannico aveva già fatto il tutto esaurito. È stato pazzesco".

Il disco giunse in vetta alle classifiche di oltre trentacinque Paesi, vendendo più di un milione di copie in tutto il mondo e conquistando troppi record per riportarli tutti, anche se bisogna assolutamente menzionare il fatto che gli One Direction furono la prima boyband nella storia delle classifiche americane ad avere due album al primo posto nel corso di un anno solare. I ragazzi pubblicarono anche il primo singolo dell'album, "Little Things", che andò a sua volta al numero uno, facendo degli One Direction il più giovane gruppo o artista ad avere contemporaneamente un album e un singolo al primo posto delle hit parade britanniche.

Take Me Home, però, non fu solo un successo di pubblico ma anche di critica. Al Fox di BBC Music scrisse: "Serio e raffinato; nonostante la sua prevedibilità, ci sono alcuni inni pop davvero mozzafiato". Matt Collar di AllMusic parlò di "un mix di pezzi pop tutti da ballare, che ti prende immediatamente", e che ripropone "il loro approccio musicale basato su più voci principali e la loro immagine pulita e solare". La caporedattrice del Boston Globe, Sarah Rodman, confermò che l'album era "agile e allegro come sempre" e che "per come vanno le cose con le boyband, i fan – e i loro preoccupati genitori – potrebbero capitare molto peggio di così". Jon Caramanica del New York Times osservò che il nuovo album era "molto più meccanico" di quello d'esordio, *Up All Night*, ed elogiò, tra tutte, l'interpretazione di Zayn.

"Little Things", scritto da Ed Sheeran e Fiona Bevan e dedicato ai piccoli difetti che rendono unica ogni persona, fu il secondo singolo e un altro numero uno. In realtà Ed aveva scritto quel brano quando aveva diciassette anni, ma andò perduto e saltò di nuovo fuori appena in tempo per essere registrato dagli One Direction. "La cosa interessante di quella canzone è che l'ho scritta insieme a una ragazza, Fiona Bevan, quando avevo diciassette anni, e poi l'abbiamo persa", raccontò Ed a Capital Radio nell'ottobre del 2012. "Mi sono sempre tenuto in contatto con Fiona e abbiamo fatto concerti e altre cose insieme, e un paio di mesi fa lei mi manda la canzone e mi dice: 'Te la ricordi questa?'. E io: 'Certo che me la ricordo', e in quel periodo ero in studio con gli One Direction, la suonavo ogni tanto e loro mi hanno detto: 'Ci piace tantissimo'. Per di più, contiene uno dei versi più belli che io abbia mai scritto".

Nell'immagine di copertina si vedevano i ragazzi vestiti nel loro solito stile pulito e perbene, con Harry che porta un cravattino, e malgrado le recensioni, nell'insieme, fossero un po' discordanti, con alcuni critici preoccupati che la canzone potesse rendere le ragazze ancora più ossessionate dalle loro insicurezze, molti altri critici furono conquistati. Secondo Amy Sciarretto di PopCrush, era "una canzone molto dolce", che "fa risplendere il modo di cantare che ha ognuno di loro, e così i membri della band possono respingere al mittente le tante sciocchezze che vengono dette riguardo al fatto che sono pupazzi che cantano canzoni fatte a tavolino e troppo manierate". Anche Alexis Petridis del Guardian apprezzò il brano e lo definì "toccante", spiegando che era "notevolmente più sofisticato, dal punto di vista dei testi e delle emozioni che suscita, rispetto a qualsiasi altra cosa ci sia sull'album". Ed era un po' più sofisticato anche il video di accompagnamento, diretto da Vaughan Arnell e girato in bianco e nero.

La canzone andò bene e i ragazzi si lanciarono nel loro solito giro di apparizioni promozionali, compreso un passaggio alla *Royal Variety Performance*, dove il presentatore della serata, David Walliams – che arrivò sul palco usando uno zaino a razzo –, si travestì come una delle loro fan perdutamente innamorate. Gli One Direction furono in buona compagnia, dato che quella sera si esibirono anche le Girls Aloud, Robbie Williams e Neil Young. In quel periodo i ragazzi stavano anche cominciando a suscitare l'ammirazione dei grandi interpreti del mondo dello spettacolo: "Sono andato al concerto dei Coldplay in Florida e ho visto Chris Martin", disse Harry al Daily Mirror. "Ha cantato 'What Makes You Beautiful' prima che partisse il coro di 'Yellow'. È stata davvero una sensazione strana, perché lui è una grande fonte di ispirazione per me. Penso che sia bravo, che sia un geniaccio… ed è anche un tipo simpatico, per di più. È stato uno di quei momenti in cui sono rimasto tipo immobile per qualche secondo, non riuscivo a crederci. Non ti aspetti mai che possa succedere una cosa del genere". In realtà, invece, stava davvero accadendo di tutto: gli 1D cantarono "Little Things" al *Today Show* e richiamarono una folla di 15.000 persone al Rockfeller Plaza, dove venne girato il video, con tanto di cabine telefoniche rosse sullo sfondo. In quell'occasione annunciarono anche che era in progetto un film in 3D diretto da Morgan Spurlock, la cui uscita era prevista per l'agosto del 2013, e questo non fece altro che suscitare altri paragoni con i Beatles, che avevano fatto anche loro, negli anni Sessanta, una serie di film.

Per tornare a quello che succedeva intorno ai ragazzi, gli Union J furono eliminati da *X Factor*, ma, come sottolinearono loro stessi, non sempre sono i vincitori che alla fine ottengono i risultati migliori. "Nove volte su dieci, in realtà, è meglio non vincere. È un periodo molto stimolante per gli Union J", dichiarò uno dei membri della band, Jaymi Hensley. "Abbiamo la possibilità di lavorare veramente a fondo sulla nostra arte. Abbiamo tempo ma non la pressione di essere i vincitori, possiamo sederci intorno a un tavolo e capire bene quale sarà lo stile musicale che vogliamo adottare per farne il nostro marchio. Questo risultato porta con sé tante cose positive, che superano di gran lunga quelle negative".

"Speriamo che questo sia solo l'inizio della carriera degli Union J, speriamo di poter andare avanti e di fare quello che hanno fatto gli One Direction e i Jack the Lad Swing", aggiunse il suo compagno di band Josh Cuthbert. Qualsiasi boyband del mondo, ovviamente, avrebbe voluto avere anche solo una piccola parte del successo degli One Direction.

Un'altra band che aveva un legame con i ragazzi erano

i McFly. Dissero di essere molto contenti del lavoro che avevano fatto per il nuovo album degli One Direction, ed espressero la speranza che quella collaborazione potesse andare avanti. "Bisogna essere molto selettivi quando si scrivono canzoni per altre band" dichiarò il cantante Tom Fletcher al Daily Star. "Non voglio scrivere pezzi per chiunque. Lo faccio solo per artisti che mi piacciono davvero, perché è solo così che riesci a produrre le tue cose migliori. Spero dunque che la collaborazione con gli One Direction possa proseguire. Adoro la grande musica pop. Quando uscì 'What Makes You Beautiful', fu come una ventata di aria fresca. È la perfezione del pop, e quando la ascolti non pensi a nient'altro. Il nuovo singolo di Taylor Swift fa lo stesso effetto".

Sì, perché Taylor stava dominando nelle classifiche di vendita proprio come dominava negli articoli di gossip. La sua storia con Harry era andata in fumo, ma quando si trattava di lavoro, tutti e due restavano più che mai grandi professionisti.

Gli One Direction furono anche invitati nella prestigiosa trasmissione *10 Most Fascinating People of 2012*, presentata da un'esperta conduttrice di talk show come Barbara Walters, e lì tutti e cinque confessarono di avere in mente di sposarsi e di mettere su famiglia. Intanto un vecchio amico di Harry, William Rogers, che giocava a calcio con lui ai tempi del Cheshire, rilasciò un'intervista al Daily Star in cui rivelò che la popolarità di Harry con le ragazze non era certo cosa nuova. "Lo conosco da quando aveva quattro anni", raccontò. "So che fa un po' ridere, ma persino in prima elementare Harry aveva sempre qualche ragazzina che gli veniva dietro. Era una cosa piuttosto divertente. A dieci anni, in quarta, Harry cominciò ad avere addirittura delle vere e proprie fidanzatine. Per tutta la sua vita ha sempre avuto quest'incredibile facilità con le ragazze, e sembra che nulla sia cambiato. Harry è sempre stato un seduttore con il sorrisino impertinente stampato in faccia. Abbiamo giocato a calcio insieme fino alle superiori. Siamo ancora amici. Harry è un tipo fantastico. È sempre molto, molto simpatico e va d'accordo con tutti. Anche allora piaceva a tutti. Io non ho mai avuto un gran successo con le ragazze, mentre lui ha sempre avuto un qualcosa di speciale. È difficile da spiegare".

Le fan, però, lo capivano eccome, e ce n'erano tante, tantissime. Venivano continuamente fatti paragoni con i Rolling Stones, e in particolare tra Harry e Mick Jagger, ma la band più giovane stava innegabilmente stravincendo sul fronte dei biglietti venduti. Si venne a sapere che nel 2012 gli 1D erano stati la band i cui concerti avevano totalizzato il maggior numero di presenze. Stando ai dati forniti dal sito Viagogo, i loro biglietti si vendevano al ritmo record di due al secondo, e se ne vendevano il triplo di quelli degli Stones. Per di più, a differenza degli Stones, gli One Direction stavano ancora incidendo dischi.

La cosa più grossa, però, doveva ancora arrivare: il tour del 2013. Gli One Direction erano ormai un nome abbastanza grande da potersi permettere il loro jet privato, che non solo avrebbe reso i viaggi più confortevoli, ma li avrebbe alleviati di tutto lo stress legato a dover passare per gli aeroporti.

Nel complesso, era stato un anno straordinario, sotto ogni punto di vista, sia per Harry che per i suoi compagni di band. All'inizio del 2013 Harry si ritrovò a essere uno dei cantanti più famosi e affermati del mondo, e aveva appena avuto una relazione con una delle cantanti più famose e affermate del mondo. Le opportunità si moltiplicavano, la band conquistava record a destra e a manca, e loro erano adorati ovunque. E quel che più conta, l'anno che lo aspettava prometteva di essere ancora migliore di questo.

15

L'unica Direzione è il cielo

Dunque cos'è stato a far emergere gli One Direction, e specialmente Harry, su tutti gli altri? Ci sono state tante, tantissime boyband nel corso degli anni, alcune di successo, altre meno, ma anche quelle di successo, come i grandi Take That, non sono riuscite a ottenere quello che hanno ottenuto i ragazzi. Per avere successo e continuare ad averlo, per avere successo sempre e dovunque, specie negli Stati Uniti, il mercato più difficile fra tutti, ci era voluto molto lavoro. Perché gli One Direction erano riusciti laddove così tanti altri avevano fallito?

Tanto per cominciare, perché erano veramente quello che sembravano: saranno stati anche una band costruita a tavolino, ma ognuno di loro era una persona vera, fedele a quello in cui credeva. Nessuno di loro aveva indossato una maschera, una personalità posticcia, nessuno teneva nascosto un lato oscuro, e considerato quanto erano aperti sulle loro amicizie femminili, non c'era niente da nascondere nemmeno su quel fronte. I cinque si completavano perfettamente a vicenda, eppure Harry spiccava su tutti. La sua avvenenza e il suo fascino disinvolto gli

avrebbero dato un vantaggio sugli altri anche se avesse scelto un altro tipo di vita, ma come popstar Harry era perfetto. Con quella faccia pulita e quella chioma folta, si faceva notare perfino tra gli affascinanti ragazzi degli One Direction.
Un altro elemento che giocava a loro favore era il talento. In un gran numero di band costruite a tavolino i componenti vengono scelti solo sulla base dell'aspetto fisico, mentre tutti gli 1D sapevano veramente cantare. Anche i critici musicali lo avevano sottolineato spesso. "Il contesto ridotto all'essenziale ha messo in mostra l'abilità di Horan alla chitarra e le ammirevoli capacità vocali degli One Direction anche dal vivo", scrisse Erica Futterman di Rolling Stone. "Non c'era alcun bisogno di preoccuparsi di una nota falsa o di un accompagnamento musicale preregistrato, una piacevole constatazione in un concerto di musica pop".
"È facile perdersi nell'intimo fascino delle loro impeccabili acconciature e del loro look, fin troppo costruito, da ragazzini perbene, ma da qualche parte, in mezzo agli strilli innamorati delle adolescenti, ci sono cinque giovanotti che sanno cantare e, in una certa misura, fare spettacolo", scrisse Melody Lau sul National Post. E Jane Stevenson di Canoe aggiungeva: "Quello a cui non mi ero preparata è che tutti e cinque sanno davvero cantare in concerto… Senza nessuna di quelle insensate coreografie su cui ballano altre boyband. Al contrario gli One Direction, supportati da un complesso di quattro elementi, si sono mossi in modo naturale lungo tutto uno spettacolo che aveva una certa sobrietà e classe e che li vedeva in

differenti contesti grazie a tre schermi video – spiaggia, scuola, festa, baita, cena con invitati – sempre vestiti da ragazzini perbene. Sembravano appena usciti da una pubblicità di Abercrombie & Fitch".

Era tutto vero, e l'immagine finale non faceva una piega. Si poteva anche dire che gli 1D avevano riempito un vuoto. C'era Justin Bieber, naturalmente, ma lui era solo a fronte di cinque One Directioner, e una band ha sempre un appeal diverso rispetto a un cantante. Non migliore, semplicemente diverso. E non c'era nessuno in giro che facesse esattamente quello che facevano loro. I The Wanted potevano anche essere una boyband, ma piacevano a un genere di fan leggermente diverso e non avevano la stessa innocenza, la stessa freschezza adolescenziale degli One Direction.

Neil McCormick riassunse perfettamente il concetto sul Daily Telegraph. "C'è voluta l'ascesa della meteora di Justin Bieber (un canadese) per dimostrare che c'era ancora un'enorme richiesta di musica pop ben confezionata, sana, bianca che più bianca non si può, capace di rassicurare padri e madri del ceto medio: ragazzini carini fatti apposta per le cotte adolescenziali", scrisse. "E cosa poteva mai esserci di meglio di un ragazzino carino se non cinque ragazzini carini? Non è un caso che The Wanted condividano il loro manager con Justin Bieber, e gli One Direction abbiano la stessa età che ha lui (e molti meno anni della maggior parte dei loro rivali)".

Poi c'era l'effetto dei social network, che erano stati usati per promuovere il gruppo come mai fino a quel momento. Come aveva già sottolineato Sonny Takhar, direttore generale della Syco Records, i social network erano diventati la nuova radio e avevano giocato un ruolo quanto mai importante nel trasformare gli One Direction in un fenomeno globale. Will Bloomfield, il manager del gruppo, era della stessa opinione. "Questi ragazzi vivono online, proprio come le loro fan", disse. Per confermare questa tesi basterà osservare che l'account twitter degli One Direction contava, all'inizio del 2013, quasi dieci milioni di follower, con una media di 20.000 nuovi follower al giorno.

"In sostanza questo significa solo che il gruppo si presenta come una tipica band di ragazzini divertenti e scatenati, che postano video spiritosi su YouTube, per esempio, o che fanno un po' di casino alla cerimonia di assegnazione di un premio", scrisse Leah Collins sul National Post.

A sua volta, Kitty Empire notò sull'Observer: "Le coreografie sono fondamentali per una boyband – o almeno lo sono state per i Take That degli anni Novanta e per i Jack the Lad Swing di fine anni Zero. Gli One Direction possiedono molti dei prerequisiti di una boyband (look, testi sdolcinati, motivetti accattivanti, voglia di sfondare), ma la loro carenza di coreografie indica i sottili cambiamenti che sono in atto".

E adesso? I ragazzi erano già riusciti a fare quello che non era invece riuscito a molte band prima di loro: sfondare in America, e con altri tour e album in vista, la loro popolarità sembrava destinata soltanto a crescere. Quanto a Harry, alla fine di tutto, lo aspetterà forse una carriera da solista? In mezzo ai suoi quattro compagni, attira facilmente l'attenzione del pubblico e ha quelle due qualità gemelle che

non si possono comprare – il carisma e il carattere da star – che lo porranno sempre in primo piano.
Harry rimarrà fermamente sotto le luci della ribalta grazie anche al suo talento nell'attirare le controversie, intenzionalmente o meno – a volte per la scelta di una partner, altre semplicemente per quello che dice –, il che è decisamente di buon auspicio per una carriera duratura.
Il personaggio e il gruppo a cui Harry e i ragazzi sono stati più spesso paragonati sono Mick Jagger e i Take That. Mick Jagger vanta una delle carriere di maggior successo nella storia del rock, mentre i Take That sono probabilmente i cantanti pop più amati d'Inghilterra. Se Harry, con o senza i suoi compagni di band, saprà seguire l'esempio dell'uno o degli altri, allora è promesso a un grande destino. Mick Jagger ha finito per essere nominato baronetto. Sir Harry Styles? E perché no? – tra una cinquantina d'anni…

Crediti fotografici

Pagina 1: Tony Woolliscroft/WireImage/Getty Images (in alto); Neil Mockford/ Getty Images Entertainment/Getty Images (in basso)

Pagina 2: Neil Mockford/FilmMagic/Getty Images (in alto); Tony Woolliscroft/ WireImage/Getty Images (in basso)

Pagina 3: Gareth Cattermole/Getty Images Entertainment/Getty Images (in alto); Steve Meddle/Rex Features (in basso)

Pagina 4: Dave Hogan/Getty Images Entertainment/Getty Images (entrambe le foto)

Pagina 5: © Splash News/Corbis

Pagina 6: Beretta,/Sims/Rex Features (in alto e in basso a destra); © Splash News/ Corbis (in basso a sinistra)

Pagina 7: Doug Peters/Doug Peters/EMPICS Entertainment (in alto); Ian West/PA Archive/Press Association Images (in basso)

Pagina 8: IBL/Rex Features

Pagina 9: Mathew Imaging/WireImage/Getty Images (in alto); Simon Running/Stephen D'Antal/Rex Features (in basso)

Pagina 10: © Splash News/Corbis

Pagina 11: Matt Slocum/AP/Press Association Images (in alto); Paul Zimmerman/WireImage/Getty Images (in basso)

Pagina 12: Mark J. Terrill/Invision/Press Association Image (in alto); Doug Peters/Doug Peters/EMPICS Entertainment (in basso)

Pagina 13: PictureGroup/Rex Features (in alto); © Splash News/Corbis (in basso)

Pagina 14: Startraks Photo/Rex Features (in alto); Yui Mok/PA Wire/ Press Association Images (in basso)

Pagina 15: PictureGroup/Rex Features (in alto); Matt Baron/BEI/Rex Features (in basso)

Pagina 16: Paul Richardson/Rex Features